Helvi Wendeler
Reisebegleiter Finnland

Nordmeer

Barents-See

NORWEGEN

Utsjoki

Kilpisjärvi

Inari-See

Ivalo

RUSSLAND

L a p p l a n d

SCHWEDEN

Kittilä

Sodankylä

Pello

Nördlicher
Polarkreis

Rovaniemi

Kuusamo

Tornio
Kemi

Deutschland   Finnland
356 973 qkm   338 144 qkm
81 338 093 Ew. 5 058 000 Ew.
228 Ew. je qkm 15 Ew. je qkm

Oulu

Raahe

Kajaani

Kuhmo

Kokkola

Botnischer Meerbusen

Iisalmi

Lieksa

FINNLAND

Vaasa

Kuopio

Jyväskylä

Virrat

Savonlinna

Kristiinankaupunki

Mikkeli

Pori

Tampere

Suur-Saimaa

Rauma

Lahti

Imatra

Ladoga-See

Turku

Kotka

Vyborg

Åland

HELSINKI

Maarianhamina

Finnischer
Meerbusen

ST.
PETERS-
BURG

Hanko

Ostsee

Tallin

ESTLAND

Helvi Wendeler

Reisebegleiter Finnland

Was man über Finnland und die Finnen wissen sollte

J. Latka Verlag

Reihe „Reisebegleiter"

Herausgegeben von Hubert F. Walitschek

© 1996 by J. Latka Verlag GmbH, Bonn. Alle Rechte der Verbreitung, auch durch Film, Funk, Fernsehen, fotomechanische Wiedergabe, auf Ton- und Bildträgern jeder Art und der auszugsweise Nachdruck, sind vorbehalten. Gestaltung: M. Marasson. Satz: Satz-Pavillon Porz GmbH, Köln. Herstellung: Druckpartner Moser, Rheinbach.
Printed in Germany.

ISBN 3-925068-73-2

Inhaltsverzeichnis

Zum Geleit

Zu Zeiten des Massentourismus sind „Reisebegleiter"
unentbehrliche Hilfen, um „vorab" andere Länder als
Reiseziel kennenzulernen. Bisher stehen dabei Länder-,
Orts- und Objektbeschreibungen im Mittelpunkt. Allzu
oft fehlen ethnische Hinweise, die den Menschen zum
Ziel der Betrachtung machen.

Neu an dieser Buchreihe ist deshalb: dieser Band
stellt – wie die bereits erschienenen Bücher – den
Menschen in den Mittelpunkt. Damit soll zugleich
ein Beitrag geleistet werden, die aus Unkenntnis
herrührenden weltweiten ethnischen Mißverständnisse
abbauen helfen.

Jeder Besucher eines anders gearteten Landes hat es
mit Hilfe dieser Lektüre leichter, bereits als Freund
begrüßt zu werden, wenn er mit entsprechenden Vor-
kenntnissen sein Gastland betritt. Mißverständnisse
und viele vermeidbare Peinlichkeiten bleiben dem
Leser dieses Buches und Gast in Finnland erspart: die
Arroganz der unbegründeten Überheblichkeit gegenüber den Einheimischen entfällt.

Eine Reise nach Finnland, ob privat oder geschäftlich, bereitet dem Besucher, aus welchem Erdteil auch
immer, ein unvergeßliches Erlebnis. Es ist ein Land
von überwältigender Schönheit, von unglaublichen
Gegensätzen der Landschaft und Kultur, von maßlos
erscheinender Ausdehnung vom Eismeer her nach
Süden, ein Land der vieltausend Seen und Inseln und
ein Land mit Volksgruppen mit jahrtausendealter
eigenständiger Tradition.

Außergewöhnliche klimatische Verhältnisse und das
„andere Licht" bestimmen Leben, Arbeit und Freizeit
der Finnen. Die „junge Freiheit" des Landes nach Jahrhunderte während er staatlicher Abhängigkeit von
Schweden und Rußland erzeugt allenthalben Selbst-
bewußtsein und eine Aufbruchstimmung, die das Volk
in den letzten Jahrzehnten zu großartigen wirtschaft-

lichen Leistungen ermunterte. Trotzdem gilt für die Finnen noch immer der Handschlag als verbindliche Bestätigung bei Vertragsabschlüssen.

Ein Grundsatz für die Auswahl der Autoren dieser Buchreihe ist es, solche Verfasser zu finden, die einerseits aus dem jeweils beschriebenen Land stammen, andererseits längere Zeit in Deutschland lebten. Somit haben sie den besten Eindruck von nennenswerten ethnischen Unterschieden und Eigenheiten. Mit Helvi Wendeler ist dies in idealer Weise gelungen.

Helvi Wendeler ist in der Nähe von Kuopio in Mittelfinnland geboren. Von dieser Bevölkerungsgruppe sagt man, sie seien sehr wißbegierig. – Sie studierte Germanistik und legte ihr Diplom zu einem Thema über Mittelhochdeutsche Grammatik ab. – Sie lebt seit 30 Jahren in Deutschland und leitete in München nahezu 25 Jahre eine wissenschaftliche Bibliothek zu Fragen der 3. Welt. Sie ist Autorin und Mitherausgeberin u. a. von zahlreichen Büchern, die sich mit Finnland beschäftigen. So erschienen im Verlag dieses Buches zwei Fotobücher über finnische Holz- und Steinkirchen und einige Titel, die sich mit finnischer Kochkultur befassen.

Hubert F. Walitschek, Herausgeber

Vorwort

Der „Große Brockhaus" des Jahres 1898 über das Erscheinungsbild der Finnen:

„Die Finnen, hier und da vermischt mit Lappen, Schweden und Russen, sind von kräftigem Körperbau, mittlerer Statur, etwas eckiger, brachykephaler Schädelbildung und plattem Gesicht mit hervorstehenden Backenknochen. Das in der Jugend hellblonde Haar geht später in Braun über. Der Bart ist dünn, die Augen meist dunkelgrau, die Gesichtsfarbe fahl, oft gelblich. Der tawastländische Typus zeigt diese Züge viel ausgeprägter als der schlankere und elegantere karelische."

Der Brockhaus ist ein verläßliches Nachschlagewerk. Also sind die Finnen einerseits von kräftiger Statur, andererseits eher elegant; ihre Bärte häufig dünn und die Gesichtsfarbe grundsätzlich fahl, oft gelblich.

Bei genauerer Betrachtung kommt man nicht umhin, die Feststellung zu treffen, daß der „Standard-Finne" verblüffende Ähnlichkeit mit dem „Standard-Deutschen" hat. Somit ist also der erste Schritt zur Völkerverständigung getan. Dieses Buch hätte aber keinerlei Funktion, wenn es nicht doch diese oder jene Besonderheit und Eigenheit gäbe, die die Neugierde und das Interesse des Besuchers weckten.

Also unternimmt das Buch den Versuch, den Geschäftsfreunden, den Kulturreisenden oder Touristen das Land Finnland mit seiner Geschichte, Kultur und den Landschaften vorzustellen und zudem auf besondere Temperamente, Eigenarten und Gepflogenheiten aufmerksam zu machen. Die Spannweite reicht vom finnischen Alltagsleben bis hin zur Wirtschaft.

Es bedarf lediglich ein wenig Geschick und Aufmerksamkeit, um den Zugang zu Finnland und den Finnen zu gewinnen. Und die Seelenverwandschaft mit ihnen sei mit einem weiteren Zitat aus dem „Großen Brockhaus" des Jahres 1898 belegt:

„Bei den eigentlichen Finnen zeigt sich viel Ehrlichkeit, Gastfreundschaft, Treue, Tapferkeit, Standhaftigkeit und Arbeitsamkeit; dagegen ist er verschlossen und schweigsam, wenig beweglich und unternehmend; er ist seinem Wesen nach mißtrauisch, ausdauernd in seiner Rachgier, aber doch jähzornig. Die Religiosität des Volkes spricht sich kräftig aus, aber ein Hinneigen zum Aberglauben und Sektenwesen ist vielfach bemerkbar. An Geistesanlagen fehlt es den Finnen keineswegs."

Tervetuloa

Vom Glück, in Finnland Gast zu sein

„Koirat kutsuen kulkevat, kunnon vieraat kutsumatta."
„Hunde kommen, wenn man sie ruft, gute Gäste unge-
laden."

Verwunderlich, ja fast beängstigend ist dieses finnische Sprichwort für einen Mitteleuropäer. Schließlich
möchte der Gastgeber sich ja auf den Besuch einrichten,
Speisen bereiten, die Stühle zurechtrücken, kurz, sich
gedanklich auf den „Eindringling" vorbereiten.

In Finnland denkt und fühlt man anders. Weht beispielsweise am Sommerhaus die finnische Fahne am
Mast, so heißt dies: *„Tervetuloa"*, „Willkommen". Ein
überraschender Besucher versetzt den Finnen nicht in
Panik. In erster Linie hat dieses Verhalten heute nur
noch auf dem Lande seine Gültigkeit. Viele Großstädter
haben, wie überall in Europa, eine Mauer um sich
errichtet. Schade. Die finnische Grundeinstellung
bleibt, trotz allem:

„Talo elää tavallaan, vieras kulkee ajallaan."
„Das Haus lebt seine Weise, Besucher stören dabei
nicht."

Finnland liegt nicht direkt vor der Haustüre des
deutschsprachigen Europäers. Eine Flugreise nach
New York ist erheblich preiswerter als das Ticket nach
Helsinki. Finnland ist nur etwas für Individualisten; es
läßt sich nicht so leicht erreichen und „erobern". Die
Zahl der Besucher, ob privat oder geschäftlich, hält sich
in Grenzen. Gottlob. Das spürt der Reisende unmittel-
bar bei seiner Ankunft.

Ob im Hotel oder Restaurant, im Geschäft oder
Museum, der Gast wird als Individuum behandelt, als
Persönlichkeit. Massenabfertigung, Massenhöflichkeit,

11

Massenbetreuung ist unbekannt. So hat jeder Fremde den Eindruck – trotz Sprachprobleme –, daß der Status des Fremdseins von kurzer Dauer sein wird. Irgendwie zeigt der Finne so etwas wie Dankbarkeit, wenn ein Gast den weiten Weg auf sich genommen hat, am Rande Europas im hohen Norden zur Visite zu erscheinen.

Schnellkurs,
bei Finnen beliebt zu werden

Die erste Hürde, die der Finnland-Reisende überstolpern muß, ist die finnische Sprache. Kein Finne erwartet, geschweige denn verlangt, daß der Gast Finnisch mit ihm spricht. *„Hyvää päivää"*, „Guten Tag" allerdings, das sollte man schon können. Finnen sind Realisten. Sie kennen die Schwierigkeiten ihrer Sprache, haben selbst offenbar ein wenig Probleme damit. Oder warum haben sie inzwischen in ihrer Grammatik von 15 Fällen einen getilgt?

Der Finne ist stolz auf seine außergewöhnliche Sprache mit dem melodischen Klang. Es ist aber falsch zu glauben, er spräche seine Sprache am liebsten allein. Ein paar Vokabeln, die sind ein absolutes Muß. Daran erkennt der Gastgeber, daß der Besucher sich artig bemüht, und außerdem kann er selber stolz zur Kenntnis nehmen, daß er die schwierigste Sprache der Welt von Kindesbeinen an beherrscht.

Nicht zu vergessen ist die Tatsache, daß viele Finnen, in erster Linie die älteren, gut Deutsch sprechen, ansonsten wird Englisch und natürlich Schwedisch gesprochen. Schwedisch ist in Finnland nämlich keine Fremdsprache, sondern die zweite Landessprache.

Aller Anfang ist schwer. Mit *anteeksi* könnte man beginnen. Die Aussprache ist sehr einfach. Grundsätzlich wird alles so gesprochen, wie geschrieben, Betonung immer auf der ersten Silbe; doppelte Buchstaben sind Dehnungen.

Entschuldigung . . . . *anteeksi*
Guten Morgen . . . . *hyvää huomenta*
Guten Tag . . . . *hyvää päivää*
Guten Abend . . . . *hyvää iltaa*
Auf Wiedersehen . . . . *näkemiin*
Danke . . . . *kiitos*
Bitte . . . . *ole hyvä/olkaa hyvä*
Sehr gut . . . . *oikein hyvä*
Wo . . . . *missä*

Das ist aber doch ein wenig mager. Ein kleiner
Sprachführer und ein Wörterbuch seien unbedingt
anempfohlen. Worauf ist der Finne stolz? Es gibt einige
Themen, die für ihn unerschöpflich sind und über die
ein jeder Finne beim small-talk an der Bar oder beim
Philosophieren in der Sauna zeitlich unbegrenzt laut
nachzudenken vermag. Der schlaue Gast kennt diese
Themen und sein Ansehen bei den Gastgebern steigt
von Thema zu Thema. Hier seien einige dieser finnischen „Wunderthemen" verraten:

☐ Der Winterkrieg 1939 gegen Rußland
☐ Eishockey-Siege gegen Schweden oder Rußland
☐ *Mökki*, das Sommerhaus am See

Diese Themen werden später noch gestreift. Der
Finnland-Reisende sollte außerdem einige große Persönlichkeiten des Landes kennen und ein wenig über
sie wissen. Besser noch, nach ihnen fragen und die
Meinung des Gastgebers erbitten. Hier eine kleine Vor-
schlagsliste:

☐ der Dichter der „Sieben Brüder" Aleksis Kivi
☐ der Feldmarschall Carl Gustaf Emil Frh. von
  Mannerheim
☐ der Staatspräsident Urho Kekkonen
☐ der Komponist Jean Sibelius
☐ der Architekt, Städteplaner und Designer Alvar
  Aalto
☐ der legendäre Sportler Paavo Nurmi
☐ der Maler des *Kalevala* Akseli Gallen-Kallela

Diese Aufzählung ist absolut willkürlich und zufällig. Es geht nicht darum, die 20 wichtigsten Persönlichkeiten Finnlands zu kennen. Jeder ausländische Gast feiert jedoch Triumphe der Anerkennung, wenn er z. B. beiläufig über die typisch finnische Raffinesse reflektiert, wie es Kekkonen gelang, die finnische Souveränität nach dem 2. Weltkrieg zu bewahren.

Schnellkurs, bei den Finnen unbeliebt zu werden

Jedes Land, jedes Volk, jeder Mensch hat seine empfindlichen Stellen und wunden Punkte. Der Teufel hat offenbar ein diebisches Vergnügen daran, den Menschen geschickt in die peinlichsten Fallen zu locken. Beispiel: In Erwartung beifälligen Schulterklopfens sagt mit süffisantem Unterton ein Deutscher zu einem Österreicher: *„Die Österreicher sind sehr kluge Menschen. Ihnen gelang es, aus Hitler einen Deutschen und aus Beethoven einen Österreicher zu machen."*

Voll daneben. Auch im Umgang mit Finnen gibt es einige Dinge, die zu vermeiden wären. Und es gibt Themen, die nur dann angeschnitten werden dürften, wenn fundierte Sachkenntnisse vorhanden sind. Die schnellste und sicherste Methode, bei Finnen sein Pulver zu verschießen, gelingt dem Gast, wenn er sich ironisch über den berühmten, begeisternden finnischen Patriotismus äußert. Fettnäpfe stehen bei diesem Thema zahlreich in Finnland herum. Augenfällig wird dieser Patriotismus bei der finnischen Nationalflagge. Es gibt kaum ein Land der Erde, in dem mehr Flagge gezeigt wird als in Finnland.

Deutschland erkennt man daran, daß jedes Dorf sein Kriegerdenkmal besitzt. Tote werden beklagt, in erster Linie aus den letzten beiden Kriegen. Finnland dagegen erkennt man an den Mannerheim-Monumenten und den ungezählten Museen, die sich mit Krieg beschäftigen: Panzermuseen, Winterkrieg-Museen, usw. Automatisch und unreflektiert sieht der Mitteleuropäer, allen voran der Deutsche, hier ein Zeichen von Nationalismus. Genau dies ist der allergrößte Irrtum.

Nationalismus, Chauvinismus, Faschismus sind den Finnen Fremdworte. Die Finnen sind überzeugte Finnen. Punkt und aus. Und wenn die Nachbarn sie in Ruhe lassen, dann sind sie auch liebe gute Nachbarn, die man gern einmal zu einem Glas finnischen Vodka einlädt. Wehe dem aber, der es wagt, die politische Souveränität anzutasten, mit Worten, geschweige denn mit Taten. Wage niemand, in Finnland Nationalstolz mit Faschismus zu verwechseln. Jeder, der Aleksis Kivis „Die sieben Brüder" gelesen hat, weiß, ein Finne weicht keiner handfesten Rauferei aus.

Finnland hat lange um seine staatliche Eigenständigkeit kämpfen müssen. Schweden und Rußland wechselten sich in der „Unterdrückung" ab. Seit 1917 ist Finnland unabhängig. Und dabei bleibt es. Chruschtschow z. B. hat in seinen bilateralen Auseinandersetzungen den unumstößlichen Freiheitswillen der Finnen erfahren. Die Erfahrungen des seinerzeitigen sowjetischen Ministerpräsidenten sollte der Gast übernehmen. Abschließend sei auf einige gewisse „wunde Punkte" verwiesen, quasi „Fettnäpfe in Stichworten":

☐ Finnlandisierung: Franz Josef Strauß prägte diesen Ausdruck für Opportunismus, für stille politische und wirtschaftliche Unterwerfung.

☐ Alkoholkonsum: „Finnen sind in puncto Alkohol maßlos." Faktum jedoch: In Deutschland wird mehr Alkohol pro Kopf konsumiert als in Finnland.

☐ Sauna: In Mitteleuropa wird der Begriff „Sauna" gern verwechselt mit sexueller Freiheit oder Freizügigkeit. Sauna in Finnland heißt: „Saunabaden".

Noch mehr Fettnäpfe zu beschreiben hieße, den Finnland-Reisenden zu sehr zu verunsichern. Aufs Ganze gesehen sind Finnen vom Rest der menschlichen Welt nicht zu unterscheiden. Jeder Einzelne der fünf Millionen Finninnen und Finnen ist in erster Linie Leena oder Paavo, denn: Die Finnen sind ausgeprägte Individualisten.

Das ist wirklich typisch finnisch

Vorsicht bei der Äußerung: *„Das ist aber typisch finnisch."* Typisch finnisch ist natürlich nicht automatisch das, was dem Gast eigentümlich erscheint.

Der Ursprung vieler finnischer Besonderheiten liegt in der geographischen Lage im höchsten Norden Europas, am extremen Klima und an der für Europa einmaligen Geschichte und Staatsentwicklung. Hierzu eine kurze Bemerkung:

Obwohl Finnland eines der aktivsten Länder auf dem Gebiet der UNO ist, wenn es z. B. um die Entsendung von UN-Schutztruppen geht, und mit großem Abstand prozentual vom Bruttosozialprodukt eine der höchsten finanziellen Leistungen für Entwicklungshilfe erbringt, so reagieren viele Finnen heute sehr reserviert, wenn Bürger z. B. aus Somalia oder aus anderen fernen Ländern in Finnland Asyl suchen. Es ist bei allergrößter Finnland-Begeisterung nicht zu übersehen, daß die Finnen noch ein gutes Stück davon entfernt sind, tolerante Weltbürger zu sein. Aber typisch finnisch ist dies auch wieder nicht. Diese Verhaltensweise teilen sie mit den Bürgern der meisten Staaten dieses Planeten.

„Typisch finnisch" existiert also nicht? Oder vielleicht doch? Treffen sich zwei Finnen, dann sagen beide: *„Hei."* Die Begrüßungszeremonie ist beendet. Auch wenn man sich nach langer Zeit wiedertrifft. Händeschütteln bei der Begrüßung, beim Verabschieden und zwischendurch, da geht der Finne automatisch drei Schritte zurück. Mehr als drei Schritte werden es bei stürmischen Begrüßungen mit Küßchen links, rechts, links. *„Hei"* und aus. Auch wenn man später gemeinsam in der Sauna schwitzt.

Ein Erklärungsversuch: Der österreichische Verhaltensforscher Konrad Lorenz spricht von zwei imaginären Zonen, Kreise, die jedermann, jedes Individuum um sich trägt. Es sind die Angriffs- und

Fluchtdistanzen. Und diese scheinen bei Finnen anders, großzügiger gestaltet zu sein als bei Menschen in dichter besiedelten Ländern. Der äußere Kreis wird von Lorenz mit der Fluchtdistanz beschrieben. Übertritt ein Mensch unvorbereitet diesen Kreis, dann zieht sich der Betroffene zurück. Wird unvermittelt der innere Kreis, die Angriffsdistanz, überschritten, dann kann es gefährlich werden. Verständlich, denn die Finnen haben sehr viel mehr Platz. Genau zehnmal mehr Platz als die Deutschen. Ist es also verwunderlich, wenn die Finnen „mehr Luft zum Atmen" benötigen? Darauf sollte man achten, wenn man als Fremder in Finnland ist.

Suomi – Finland.
Ein zweisprachiges Land

Bertolt Brecht, der auf seiner Flucht vor den deutschen Nationalsozialisten einige Zeit in Finnland verbrachte, hier sehr eng mit Hella Wuolijoki zusammenarbeitete und u. a. Stücke schrieb wie „Herr Puntila und sein Knecht Matti", äußerte sich über die Finnen und die zwei Sprachen des Landes: *„Es ist doch sehr bewunderns-wert, wie ein Volk derart beharrlich in zwei Sprachen zu schweigen versteht."*

Suomi ist finnisch und *Finland* ist schwedisch. Im Küstengebiet im Süden und Westen und auf den Åland-Inseln ist Schwedisch die Hauptsprache. Und nicht nur auf den Schäreninseln zwischen Turku und Stockholm kann man Finnen begegnen, die ausschließ-lich nur die schwedische Sprache beherrschen.

Finnisch und Schwedisch, beides sind die offiziellen Landessprachen. Diese Zweisprachigkeit ist am augen-fälligsten auf der Straße zu beobachten: Im zweispra-chigen Süden und Westen sind Straßennamen und Ver-kehrshinweise grundsätzlich sowohl in finnisch als auch in schwedisch genannt. Für den Besucher hat das große Vorteile, denn die schwedische Sprache ist für den deutschsprechenden Gast leichter zu verstehen als Finnisch. So heißt der Hinweis auf die Stadtmitte finnisch *Keskusta*, schwedisch *Centrum*, Telefon bleibt im

Schwedischen *Telefon*, finnisch jedoch *Puhelin*. Oder bei Straßennamen: *Mannerheimintie* (finnisch), darunter *Mannerheim-Gatan* (schwedisch). Aber nicht nur bei Verkehrsschildern ist die Zweisprachigkeit zu finden. Die Städte selbst in Regionen mit mehr als 6 % Finnland-Schweden haben ebenfalls zwei Namen: *Helsinki/ Helsingfors, Turku/Åbo, Oulu/Uleåborg, Pori/Björneborg.*

Diese Zweisprachigkeit hat seinen Ursprung in der Besiedlung des Landes. Schwedische, später hansische Kaufleute waren es, die an der Küste und auf den Schäreninseln von Åland siedelten, Handel betrieben und ihre Sprache, aber auch ihre Kultur mitbrachten. Städte wie Turku oder Porvoo sehen heute noch ausgesprochen hansisch aus. Der Besucher möge insbesondere die hansischen Backsteinkirchen beachten, wie beispielsweise den berühmten Dom von Turku. Für die Lebendigkeit der schwedischen Sprache in Finnland zeugt das Schwedische Theater in Helsinki, eine der bedeutendsten Kulturinstitutionen Finnlands.

So friedfertig, wie es den Anschein hat, gestaltete sich die Zweisprachigkeit nicht immer. Es gab zum Teil heftige Animositäten zwischen „Finnland-Finnen" und „Finnland-Schweden"; von den Finnomanen im 19. Jahrhundert ganz zu schweigen. Auch die Åland-Inseln besitzen sogar eine bedingte Autonomie. Sie zeigen stolz ihre eigene Landesflagge und die Amtssprache dort ist Schwedisch. Allerdings sei betont, daß es nicht angeraten ist, die Finnland-Schweden als „nicht ganz richtige Finnen" zu bezeichnen. Sie sind sehr überzeugte und stolze Finnen und Bürger von *Suomi/Finland.*

Ehe sich jedoch Finnisch in Finnland durchsetzten konnte, mußten erhebliche Hürden genommen werden. Schwedisch war sehr lange Amts- und Lehrsprache. Man bedenke, daß erst im Jahre 1843 mit dem Finnischunterricht an den Schulen begonnen wurde. Das zaristische Bemühen, die Finnen vom Schwedischen zu entfremden, lieferte ohne Frage den Grund für diese Entscheidung.

Heute pflegen etwa 6 % der Finnen Schwedisch als ihre Muttersprache. Zu Anfang dieses Jahrhunderts waren es noch 20 %. Von Amts wegen ist Finnland hochoffiziell ein zweisprachiges Land, mit zwei Landessprachen also. Gesprochen und besonders in der letzten Zeit gepflegt werden zwei weitere Sprachen: Da sind die etwa 7000 Samen, Lappen in Nordlappland, die inzwischen energisch ihre ethnische Eigenständigkeit pflegen. Erkennbar ist sie nicht nur in der farbenprächtigen Feiertags-Nationaltracht, sondern auch in der samischen Sprache. Inzwischen besteht auch eine samischsprachige Rundfunkstation. – Hinzu zählt auch die Sprache der etwa 5000 Roma, die in Finnland zu keiner Zeit unter ethnischer Diskriminierung zu leiden hatten. Ihre aufwendige bunte Tracht sieht man noch heute in Finnland. Sie prägte früher die Märkte und besonders den Pferdemarkt. Ältere Finnen erinnern sich gewiß an das Zentrum finnischen Pferdehandels in Lappeenranta.

Finnisch-ugrisch: Die Sprache Suomis

Finnen sind gradlinige Menschen. Auch ihre Sprache stammt aus dem Ursprungsland aller europäischen Sprachen. Der Unterschied allerdings, auf direktem Weg.

Etwa 23 Millionen Menschen sprechen die Sprache, die als finnougrisch bezeichnet wird. Auf dem Weg nach Europa machte der finnische Zweig Station im Wolgagebiet und gelangte schließlich über Karelien und dem Baltikum in seine jetzige Heimat.

Jedermann weiß, daß Finnisch und Ungarisch miteinander verwandt sind. Rein phonetisch ist eine Klangähnlichkeit erkennbar. Das ist aber auch bereits alles. Insgesamt gibt es lediglich zwei oder drei Wörter, die identisch sind. Anders verhält es sich mit den Esten. Finnen und Esten können sich verständigen. Ein großer Vorteil, besonders jetzt nach der Unabhängigkeit Estlands und den offenen Grenzen. Der Reiseverkehr zwischen den Ländern ist heute beträchtlich. Ganze 70 km trennen Helsinki von Tallin, den Deutschen als Reval bekannter. Ein neuer finnischer „Volkssport" ist Einkaufen auf der anderen Seite des finnischen Meerbusens.

Was macht die Sprache der Finnen für den Mitteleuropäer so elend schwer? Sind es die 14 Fälle der
Grammatik allein oder haben die Finnen noch mehr
sprachliche Finten zu bieten? Ganz ohne Frage. Aber
nicht sofort die Flinte ins Korn werfen. Knapp 100 %
der Finnisch-Schüler, sagt man, lernen die Grammatik
nie. Aber schließlich will man sich ja nur verständlich
machen. Und dabei hilft normalerweise ein Wörterbuch. Leider stößt der Lernbegierige hier erneut auf
schier unlösbare Schwierigkeiten, denn viele Vokabeln
sucht er im Wörterbuch vergebens. Dazu ein paar
kleine Beispiele:

Wasser heißt auf Finnisch . . . . *vesi*
Ein Glas Wasser . . . . *lasi vettä*

Lachs heißt auf Finnisch . . . . *lohi*
Etwas Lachs . . . . *vähän lohta*

Bruder heißt auf Finnisch . . . . *veli*
des Bruders. . . . . *veljen*

Fluß heißt auf Finnisch. . . . . *joki*
im Fluß . . . . *joessa*
Flüsse (Plural) . . . . *joet*

Dies ist hier nicht der Beginn eines Sprachunterrich-
tes, sondern soll Trost spenden, damit der Reisende
nicht an seinem „IQ" zu zweifeln beginnt. Schuld an
diesemWirrwarr ist die Deklination, die reich an Formen ist, sind die leidigen 14 Fälle. Durch sie können
sich die Wörter stark verändern, wie die Beispiele oben
zeigen. Finnisch ist nämlich eine agglutinierende
Sprache, d. h. die Aussageträger werden an den Wort-
stamm „angehängt". Zum Beispiel: „In der Sauna
meines Bruders" heißt im Finnischen *veljeni saunassa*.
Die Finnen brauchen für diese Aussage nur zwei
Worte. Artikel (der-die-das) sind unbekannt und Prä-
positionen und sonstiges „Beiwerk" wird an den Wort-
stamm angehängt. Allerdings, durch das „Anhängen"
werden die Wörter lang.

Böse – oder kenntnisreiche – Zungen behaupten, weil die finnischen Wörter so lang sind, könnten die Finnen beim Sprechen länger nachdenken und redeten deshalb weniger Unsinn als andere.

Der Unterschied der finnischen Sprache und beispielsweise der deutschen, französischen oder italienischen ist sogar deutlich sichtbar. Ein Deutscher wirkt auf die Finnen beim Sprechen bereits sehr südländisch: Er redet mit Händen und Füßen. Man möge daraufhin einmal einen Finnen betrachten. Die finnische Sprache scheint derart perfekt und nuancenreich zu sein, daß der Sprecher es absolut nicht notwendig hat, zusätzlich Arme und Beine zum Sprechen zu bemühen. Beobachten Sie einmal einen Politiker im finnischen und einen im römischen Parlament! Die Gestenarmut bei den Finnen deutet auf eine gegenständliche Ausdrucksweise. Die Aussagen werden mit Metaphern, sprichwörtlichen Redensarten und Wellerismen verdeutlicht und anschaulich gemacht. Beispiele enthält dieses Buch. Der Gebrauch finnischer Sprichwörter und Wellerismen ist weit verbreitet, auch bei den Städtern, die bekanntlich erst vor wenigen Jahrzehnten „städtisch" geworden sind.

Dies alles sei als Erklärung und als Entschuldigung dafür gesagt, weil Finnland es seinen Gästen sprachlich ein wenig schwer macht. Typisch finnisch ist dieser Trost, der dem verstörten Gast gespendet wird: *„Kein Finnisch beherrschen ist weniger peinlich als kein Englisch."*

Von der finnischen Melancholie und anderen Temperamenten

„Die Finnen sind derart melancholisch und schwermütig, daß bei ihnen selbst die Walzer in moll gespielt werden."
Gemeint ist der „Valse triste", op. 44 von Jean Sibelius. Satzanweisung: Lento (Achtung: nicht das finnische Wort *lento* = der Flug). Jeder kennt den Walzer, jeder liebt ihn, jeder hatte beim Anhören schon Melancholieprobleme.

Natürlich liegt das an den stillen Landschaften, an der Einsamkeit der Seen, Wälder und an der Melancholie der Sümpfe. Und die heimatliche Landschaft prägt bekanntlich den Charakter und das Temperament des Menschen.

Es gibt auch eine ernstere Seite: Finnland liegt weltweit in der Spitzenposition bei Selbstmorden und Herzinfarkten. Das kann nur am Wetter liegen, auf keinen Fall an der schönen Landschaft. Der Reisende kennt Finnland nur im schönsten *Juhannus*-Sommer oder im abenteuerlichen arktischen Winter. Und die Zeit dazwischen? Die Zeit im Spätherbst? Der Oktober heißt finnisch *lokakuu* (Dreckmonat), der November *marraskuu*, der tote Monat. Und dann die Zeit der Schneeschmelze, von den Finnen *kelirikko* genannt. *Kelirikko* bezeichnet etwas Zerstörtes, Kaputtes. Gemeint ist damit der zum Teil verheerende Straßenzustand in dieser Zeit. Diese unerfreulichen Zeiten dauern lange und zwingen selbst die karelische Frohnatur mit der Zeit in die Knie.

Jedem Menschen, besonders aber jedem Finnen sträubt sich das Fell, wenn er in einer bestimmten Schublade verschwindet. Trotzdem kann man Typisches über die Karelier, Menschen aus Häme, Savo oder Österbotten beschreiben ohne zu verallgemeinern. Typisch Finnisches jedoch ist kaum in ein paar Worten und mit wenigen Vergleichen darzustellen.

Von den Menschen in Savo sagt man, sie seien neugierig, die Savoer selber sagen „wißbegierig". Zwei Weltenbummler wollten auf ihrem Weg von Lappland in den Süden in einem kleinen Dorf bei Kuopio in Savo Station machen. Unterwegs fragten sie einen älteren Herren nach dem Weg nach Pielavesi. Statt den Weg zu beschreiben, fragte er: *„Was wollt ihr denn in diesem Pielavesi?"* Nun wußten sie, daß sie in Savo angekommen waren, und der Weg in das Dorf war schnell gefunden.

Obwohl die Karelier in den vergangenen 100 Jahren am meisten unter Krieg und Vertreibung, unter Hunger und Armut zu leiden hatten, so sind sie doch unter den Finnen die heitersten und lebenslustigsten Menschen. Sie kennen das Leben und nehmen es inzwischen nicht allzu ernst. Wenn es irgendwo temperamentvoll und

22

lustig zugeht, dann sind garantiert Karelier in der Nähe.

Bertolt Brecht hat das Gegenteil kennengelernt. Mit Erstaunen und Bewunderung stellte er fest, wie beharrlich ein Volk in zwei Sprachen zu schweigen verstünde. Daraus ist zu entnehmen, wo Brecht sich während seiner Emigration aufhielt: Im Tawastland, in Häme. Finnisch lernen kann der wißbegierige Gast hier auf keinen Fall. Denn außer *„Joo joo"* lernt und hört er hier wenig.

Drei Beispiele, dreimal der Nachweis, daß es das „typisch Finnische" nicht gibt. Doch gibt es etwas Typisches, etwas, was sie von anderen Nationen unterscheidet. Finnen sind ausgeprägte Individualisten, sie benötigen für ihren Lebensraum mehr Platz als andere. Dörfer, wie sie es in Deutschland gibt, wird man in Finnland vergeblich suchen. Es gibt verstreute Höfe, weit voneinander entfernt. Und das „Dorfzentrum" vom Kirchdorf *(kirkonkylä)* besteht aus einer Kirche, einem Supermarkt, der Schule und Tankstelle. Der typische Finne hat viel Familiensinn und liebt den freundschaftlichen Kontakt zu Nachbarn und Kollegen. Bedingung: Zeitlicher und räumlicher Abstand.

Hierfür sei eine Begebenheit erzählt, die sich in Lappland zugetragen hat. Sie beweist, daß die Lappen eben auch „typische Finnen" sind: Die orthodoxen Skoltlappen aus dem Gebiet von Petsamo bei Murmansk konnten sich nach dem 2. Weltkrieg entscheiden, wo sie wohnen wollten, nachdem ihr Gebiet an die UdSSR abgegeben werden mußte, in der atheistischen Sowjetunion oder im christlichen Finnland. Sie siedelten also am Inari-See und der Staat stellte Land zur Verfügung. Nach kurzer Zeit jedoch wollten sie zurück nach Petsamo. Begründung: Platzangst. Der finnische Staat hatte ihnen zugemutet, daß die einzelnen Häuser zu den Nachbarn und Verwandten näher als 5 km standen! *„Da kann man doch nicht atmen, wenn einem die Nachbarn ständig in den Kochtopf schauen."* Typisch finnisch!

Finnischer Humor –
zum laut Lachen zu schade

Die Deutschen spötteln über die Ostfriesen, die Ostfriesen amüsieren sich über die Bayern, die Bajuwaren äußern sich ironisch über die Österreicher, die Österreicher erzählen frech-fröhliche Anekdoten über die Burgenländer. Und die Finnen? – Die Finnen sind mit sich selbst beschäftigt – und nehmen sich am liebsten gegenseitig heftig auf den Arm.

Ernster Hintergrund, selbstironisch formuliert. Nach dem 2. Weltkrieg hing die finnische Neutralität häufig am seidenen Faden. Urho Kekkonen spann die diplomatischen Fäden mit typisch finnischem Geschick. Bei Präsidentenwahlen gab es in der Vorstellung der Finnen seinerzeit nur einen: Urho Kekkonen. Daraus ergab sich folgender Schulaufsatz zum Thema „Der moderne Staat Finnland". Hier die Kernaussage: *„Finnland ist eine demokratische Republik und alle 6 Jahre wird Kekkonen zum Staatspräsidenten gewählt."*

Typisch finnisch! Humor und Selbstironie half bislang jedem Menschen, jedem Volk, auch schwierigste Zeiten zu ertragen. Finnlands Geschichte ist mit vielen Tränen getränkt. Aber Finnen sind Überlebenskünstler. Ihre Fähigkeit, mit Spott über sich selbst wieder Lebensmut zu erlangen, ist kaum zu übertreffen.

Auch der typisch finnische Humor ist in gewisser Weise in moll. Wie beim „Valse triste" von Sibelius. Finnischer Humor hat mit Überheblichkeit, wie es bei anderen Volksgruppen teilweise zu beobachten ist, nichts gemein. Finnischer Humor hat Funktion. Überlebensfunktion. Die Funktion, sich nicht zu wichtig zu nehmen. Dinge, die einem über den Kopf zu wachsen scheinen, durch Selbstironie zu bändigen. Kurz: sich zurückzupfeifen.

Ungezählte Beispiele gibt es für den typisch finnischen Humor. Zum Verständnis sei erwähnt, daß Finnland im 19. Jahrhundert und zu Beginn des 20. Jahrhunderts unbeschreibliche Armut ertragen mußte und politisch über Jahrzehnte mit Händen und Klauen um ihre Freiheit kämpfte. Sarkasmus, Ironie, Humor und auch Witz trugen zur Wahrung der Selbstachtung bei.

Hier folgen nun einige Beispiele, die zeigen, daß Humor nicht mit Witzen verwechselt werden darf. Jorma Etto schrieb ein Gedicht, in dem standhafte, typisch finnische Freundschaft besungen wird. Die Schlußzeilen in der Übersetzung:

„Und von dem Finnen scheidet den Finnen nichts, nichts als der Tod und die Polizei."

Der typische Franzose lebt mit der ständigen Angst davor, der Himmel könne auf ihn herabstürzen. Nach diesen Zeilen von Etto scheinen die Finnen nur vor dem Tod und der Polizei Respekt zu haben. Aber noch viel mehr Hintergründiges verbirgt sich. Nur ein einziges Beispiel zum Thema Polizei: Finnland hatte früher noch strengere Gesetze für Alkohol am Steuer: Null Promille (heute 0,5). Die Strafen sind drakonisch und unerbittlich. Auch Prominenz hatte keine Chance, durch die Gesetzesmaschen sich hindurchzuschlängeln. „Amigo-Probleme" soll es ja in anderen Ländern geben. Bei Alkohol am Steuer gab es häufig keine Geldbuße, sondern Haftstrafe. Man erzählt mit Genuß, daß neben „Normalbürgern" auch bedeutende Persönlichkeiten bis zu berühmten Großindustriellen mit von der Partie waren, als das Flughafengelände von Seutula trockengelegt oder das alte Schloß Kastelholm auf den Åland-Inseln restauriert wurden. Ob diese Art von Abschreckung oder „Erziehung" von Erfolg gekrönt war, ist wohl nie untersucht worden. Es sollen aber auch unter der einsitzenden Prominenz Wiederholungstäter gegeben haben. Vielleicht handelte es aber auch nur um den sehnlichen Wunsch nach körperlicher Betätigung.

Zu den Beispielen über Humor zählen selbstverständlich auch Sprichwörter wie diese zu den Themen Armut, Seßhaftigkeit, Fatalismus und Selbsteinschätzung:

„Konstit on monet, sano akka, kun kissalla pöytää pyyhki,"
„Man muß sich nur zu helfen wissen, meinte die Frau
und wischte den Tisch mit der Katze ab."

*„Maailmaa on jos jonnekin päin, sanoi akka, kun kepillä
saunanluukusta koitti."*
„Wie ist die Welt doch groß und weit, sprach die Alte
als sie einen Stock zur Saunaluke hinausstreckte."

*„Eipä se tuota ole ennen tehnyt, sanoi mustalainen, kun akka
kuoli."*
„Das hat sie doch sonst nicht gemacht, sagte der Zigeuner,
als ihm die Frau starb."

„Toisen housuilla (perseellä) on hyvä tuleen istua."
„Mit der Hose (dem Arsch) eines anderen ist gut im
Feuer sitzen."

„Jos ei kala syö, niin syötitpä säästyy."
„Wenn der Fisch nicht beißt, spart man zumindest den
Köder."

„Raja se on raittiudellakin."
„Auch die Enthaltsamkeit hat ihre Grenzen."

„Ei köyhyys ole ilo kellekään, vaikka se välistä naurattaa."
„Armut ist für niemanden eine Freude, auch wenn man
zwischendurch darüber lachen muß."

„Kun tulis kesä ja kärpäsiä, niin sais koyhäkin ystäviä."
„Käme doch der Sommer mit den Fliegen, dann hätte
der Arme auch Freunde."

Eingangs wurde bereits gesagt, daß es für den
Finnen offenbar das größte Vergnügen darstellt, wenn
er anderen seine Selbstsicherheit und persönliche
Souveränität an Hand von Humor und Selbstironie
dokumentieren kann. Unwillkürlich kommt man auf
den Gedanken, daß der Finne am liebsten seine Zeit
allein in seinem Sommerhaus, dem *Mökki* am See
verbringt. Und da könnte er sich über Elch, Bisam oder

26

Hecht lustig machen – oder über sich selbst. Der typische Finne hat sich selbst als „Opfer" ausgesucht.

Ein Finne wird von einem Besucher aus Hamburg nach dem Leben im Winter im hohen Norden befragt und womit er sich denn die Zeit in der arktischen Dunkelheit vertriebe. „Im Winter sitze ich im Schaukelstuhl, schaukele und denke nach." Auf den Einwand, man können doch nicht fünf Monate im Schaukelstuhl sitzen und denken, kommt die ruhige Antwort: „Ja, manchmal schaukele ich auch nur."

Ausnahmen bestätigen die Regel. Auch in Finnland. Hier ein Beispiel dafür, daß der Finne auch über andere Menschen ironische Bemerkungen zu machen versteht:

„Kaikkia se saksalainen keksii, tuumi Savon ukko, kun katseli Korkeasaarella apinoita."
„Was die Deutschen alles erfinden, meinte der Alte aus Savo, als er in Korkeasaari die Affen betrachtete."
(Korkeasaari ist der berühmte Zoo auf einer Schären-insel vor Helsinki.)

Und abschließend eine Begebenheit aus der finni-schen Geschichte, die historisch belegt ist: Als die Engländer und die Franzosen während des Krimkrieges 1855 – Finnland war zu dieser Zeit russisches Groß-fürstentum – auf der Ostsee gegen Rußland eine See-schlacht ausfochten, begnügten die Finnen sich mit der Zuschauerrolle. Sie strömten in Scharen aus Helsinki auf die Felsen von Ullanlinna, um dem großen Spekta-kel zuzuschauen. Die Küstenregion und Viapori wur-den unter Beschuß genommen. Veijo Meri schildert das Verhalten seiner Landsleute mit echtem finnischen Humor in seinem Buch über den Krim-Krieg. Er beschreibt die Enttäuschung der Finnen, umsonst auf den Felsen gestiegen zu sein. Die Engländer waren von der Schönheit des Domes von Helsinki (Suurkirkko) derart beeindruckt, daß sie ihn verschonten, obwohl russische Geschütze daneben zu sehen waren. Ob die Finnen selbst etwas damit zu tun hatten, daß das große Krankenhaus am Meer verschont blieb, ist nicht bekannt. Jedoch war in großen Buchstaben das Wort „Nervenkrankenhaus" (auf französisch!) an der Außenmauer zum Meer angebracht – und neben dem Gebäude wieder eine russische Kanone!

Das gibt es nur bei Finnen: SISU

Finnland ist weltbekannt für seine Werftindustrie und fertigt wohl die besten Eisbrecher der Welt. Und einer der berühmtesten finnischen Eisbrecher hieß *Sisu*. Das Lexikon übersetzt *sisu* mit Beharrlichkeit, Härte, Ausdauer. Dann, so denkt man, hätten doch andere Völker auch *sisu* oder zumindest ein wenig davon. Alles falsch, und ein Finne möge diese Zeilen vergessen und entschuldigen. *Sisu* ist mehr: es ist eine typisch finnische Grundüberzeugung, eine Lebenshaltung, ein ethnisch-ethisches Manifest, ein...

Sisu kann man nur anhand von Beispielen erläutern. Bleiben wir beim Eisbrecher. Er hat sich nun einmal die 2 m dicke Vereisung der Ostsee vorgenommen. Und die wird er knacken, auch wenn er bis *Juhannus*, das ist Mittsommer, unterwegs ist. Das ist *sisu*.

Die Eishockey-Weltmeisterschaft 1995 mit dem Endspiel gegen Schweden und der Winterkrieg 1939 gegen das riesige Rußland hätten niemals gewonnen werden können, niemals ohne *sisu*. Ohne *sisu* hätten die Finnen dieses nicht vollbracht: Nach dem 2. Weltkrieg leistete Finnland als einziges Land der Welt die erzwungenen Reparationsleistungen von mehr als 500 Mill. US-Dollar, sorgte in Rekordzeit für den eigenen wirtschaftlichen Wiederaufbau und sorgte darüber hinaus für die Ansiedelung und Eingliederung von 400.000 vertriebenen Kareliern. Man bedenke bei der Zahl, daß 400.000 seinerzeit exakt 10 % der finnischen Gesamtbevölkerung waren.

Sisu ist aber noch mehr: Überlebenskunst, auch Schlitzohrigkeit. Bleiben wir bei dem Beispiel der Nachkriegszeit. Finnland stand nahezu vor einer Staatskatastrophe und dem Zusammenbruch. Die Reparationsforderungen der UdSSR waren gigantisch und vom Westen war mit Hilfe nicht zu rechnen. Finnland und *sisu* schafften das Unmögliche trotzdem. Um die russischen Lieferungen von technischen Gütern erfüllen zu können, mußten sie zuvor ihre eigene Industrie auf Vordermann bringen. Zwei Fliegen mit einer Klappe. Die Finnen hatten Arbeit und Brot und die lieben Nachbarn im Osten wurden mit den modernsten Maschinen etc. beliefert.

In Deutschland sagt man per Redensart, man ginge zuweilen mit dem Kopf durch die Wand. Die Finnen haben sich für diesen Zweck den härtesten Fels der Erde ausgesucht, den grauen finnischen Granit *(läpi harmaan kiven)*.

Nationalstolz, nationalbewußt – und kein bißchen chauvinistisch

Aus deutscher Sicht sind die Finnen sehr zu beneiden. Zu beneiden um ihre Unbefangenheit im Umgang mit nationalen Symbolen und Anlässen. In Deutschland würde eine heiße Debatte landauf landab entbrennen, käme der Bürgermeister eines Dorfes auf die Idee, zur Erinnerung an eine „heroische" Schlacht im 2. Weltkrieg eine nationale Gedenkstätte zu errichten. Undenkbar. Die Finnen können das, und tun es. Und trotzdem werden sie nicht als rechte Nationalisten oder Faschisten bezeichnet. Der Grund ist einfach: Weil sie es nicht sind und nie waren!

Finnland mußte viele Jahrhunderte auf Souveränität warten und ihre Freiheit schwer erkämpfen. Seit dem 12. Jahrhundert unter schwedischer Herrschaft, von 1808–1917 zwar ein autonomes Großfürstentum aber im russischen Reich. Für Finnland gab es zwei Länder, denen man kritisch und skeptisch gegenüberstand: Schweden und Rußland. Diese Länder „störten die finnische Ruhe". Da liegt der Hund begraben, der Unterschied von Deutschland und Finnland. Die Finnen hatten und haben nur ein einziges geographisch-politisches Ziel: Man möge sie bitteschön in Ruhe lassen und ganz besonders dann, wenn sie im *Mökki*, im Sommerhaus in der Sauna schwitzen oder beim Fischen meditieren.

Finnland und Schweden sind friedliche Nachbarn und vertragen sich in jeder Beziehung hervorragend. Wehe aber, Finnland verliert im Eishockey. Eine Woche „Halbmast" ist angesagt. Bei der Weltmeisterschaft 1995 ist ja alles ganz himmlisch verlaufen. Und gegen die Russen strengen sich die finnischen Eishockeyspieler selbstverständlich auch an. Da werden die letzten Reserven mobilisiert, auch wenn man von der Siegesfeier gegen Schweden noch ein wenig benommen ist. Alle anderen Länder sind den Finnen im Prinzip egal, oder mindestens nicht so wichtig.

Finnland hat im 2. Weltkrieg große Gebietsverluste hinnehmen müssen. Die Finnen aus Karelien mußten zweimal Haus und Hof verlassen. Verglichen mit Deutschland büßte Finnland erheblich mehr Territorium ein, in Lappland und Karelien. Der Weltkrieg ging für Finnland verloren. Schluß. Reden wir nicht mehr darüber. Aber: Da ist der berühmte Winterkrieg des Jahres 1939, in dem das kleine Finnland, allein auf sich gestellt, den riesigen russischen Bären aus Karelien und von der Kola-Halbinsel vertrieb. Das wird niemals vergessen, darüber wird gesprochen und geschrieben, auch heute noch und bis in alle Ewigkeit.

Der Gast aus Mitteleuropa muß sein Denken umstellen und lange nachdenken, bevor er sich äußert über die ungezählten Mannerheim-Denkmale, Panzermuseen und über die liebevoll, fast zärtlich gepflegten Winterkrieg-Stellungen und -Bunker an der Grenze nach Rußland in Nord-Karelien. Das beherrschen die Finnen: Die Russen sind Menschen und Nachbarn, der Staat hinter ihnen, na ja, da muß man vorsichtig sein. Selbst im 2. Weltkrieg, als Waffenbrüder der deutschen Wehrmacht, gingen die Finnen gedanklich eher auf die „Jagd", als daß sie für „Führer, Volk und Vaterland" zur Ehre der Nation ihr Blut vergossen hätten. Diese Mentalität überraschte zuerst die deutschen Landser an ihrer Seite; später wurden die Finnen von ihnen bewundert.

Ein schwieriges und sensibles Thema heißt „Verbrannte Erde". Finnland wurde 1944 zu einem separaten Waffenstillstand und Friedensvertrag gezwungen.

Finnland mußte sozusagen die Fronten wechseln. Die deutsche Armee stand in Lappland, im Gebiet von Murmansk eingeschlossen und kämpfte sich gen Westen durch. Von gewaltigen militärischen Auseinandersetzungen zwischen Deutschen und Finnen ist nichts bekannt. Die Deutschen verwüsteten nahezu das gesamte Lappland. Keine Brücke, kein Haus wurde verschont. Die gesamte Stadt Rovaniemi fiel in Schutt und Asche: „Verbrannte Erde". Ein Gesprächsthema, das viel Feingefühl abverlangt. Aber Haß, Haß auf Deutschland, den wird der Gast nicht zu spüren bekommen.

Chauvinismus heißt ethnische Überlegenheit. Herrenvolk und Untermensch sind Begriffe des Chauvinismus. Bei Finnen sind diese Begriffe unbekannt. Allerdings hatten Finnen auch nicht häufig Gelegenheit, fremden ethnischen Gruppen im Lande zu begegnen. Und wenn in unserer heutigen Zeit politische Flüchtlinge aus Krisen- und Kriegsgegenden des Balkans, Afrikas oder Indiens ins Land kommen, dann reagieren Finnen aus der Sicht des Gastes aus Mitteleuropa ein wenig überempfindlich und unverständlich. Weil sie in Ruhe gelassen werden wollen?

Finnland –
Eine Standortbeschreibung

Finnland erhebt sich aus dem Eis

Am Anfang war das Eis. Und das Eis blieb in Finnland länger als in irgendeinem anderen Land Europas. Das Eis begann zu schmelzen und Finnland erhob sich aus dem Meer. Dies vollzog sich vor 14.000 Jahren und dieses Erheben setzt sich fort bis auf den heutigen Tag.

Am finnischen Meerbusen, im Süden, sind es 30 cm, am nördlichen Botnischen Meer bis zu 90 cm, die sich das Land seit seiner Befreiung vom Eis in jeweils 100 Jahren erhebt. Das bedeutet, daß Finnland jährlich rund 7 Quadratkilometer größer wird.

Mitteleuropa muß wie Finnland ausgesehen haben. Nur hier sind die Seen inzwischen verschwunden. Auch Finnland wird nicht immer das Land der 187.888 Seen bleiben. Das Land hebt sich und die Seen laufen quasi aus. Die Spuren der Eiszeit sind heute deutlich auf einer guten Landkarte erkennbar. Von Nordwest nach Südost rissen die Eismassen tiefe Rinnen in das Land, wie das gewaltige Saimaa-Seen-Gebiet im Südosten Finnlands.

Das Land der Mitternachtssonne und der 187.888 Seen hat viele Gesichter:

☐ „Lappland" zwischen Polarkreis und dem 70. Breitengrad mit unendlichen Sümpfen, Fjälls, Mooren und seinem riesenhaften zerklüfteten Inari-See.

☐ „Österbotten". Das Land an der Westküste zwischen Oulu und Turku. Kulturland mit alten Handelsstädten und endlosen breiten weißen Sandstränden.

☐ „Nordfinnland". Südlich des Polarkreises mit Sümpfen, reißenden Wildwassern und dunklen Seen. Im Süden gigantische Nutz-Wälder und der große Oulu-See.

- „Karelien" im Osten an der russischen Grenze. Wald und Sumpf, geheimnisumwitterte Seen wie der Koitere-See und seine Runensänger-Geschichte.
- Die finnische Seenplatte mit dem größten zusammenhängenden Seengebiet Europas *Suur-Saimaa* (Groß-Saimaa). Wasser, Fels, Sand, Wald, Inseln und viele märchenhafte finnische Sommerhäuser.
- Die Schären und Åland-Inseln. 17.000 Inseln und Schären im größten Felsen-Archipel der Erde.

Zahlen, Daten, Kilometer

Ostpreußen, die Masurischen Seen, das Baltikum liegen für uns in Mitteleuropa weit im Norden. Finnland liegt weiter im Norden. Um ein Gefühl für dieses Land zu bekommen, muß man sich folgendes klar machen:

- Finnland ist der am weitest im Norden gelegene Staat der Erde, von Island und den kleinen Stücken Norwegens abgesehen.
- Ein Viertel des Landes liegt nördlich des Polarkreises *(napapiiri)*. Island zum Beispiel, liegt vollständig südlich davon.
- New York ist 6.600 km entfernt, Tokio 7.800 km.
- Finnland ist etwa so groß wie Deutschland. 338.144 km². Vom Norden, dem Grenzfluß Teno-Joki mit Norwegen, bis Hanko, der südlichen Landzunge im Finnischen Meerbusen, sind es 1.160 km.
- Finnland einmal zu umrunden erfordert einen Marsch von 3671 km. 1.100 km läuft man an der Küste entlang, 586 km an der Grenze nach Schweden, 716 an der von Norwegen und 1.269 an der von Rußland. Wenn man allerdings die gesamte zerklüftete Küste mit allen Buchten und Landzungen abläuft, hat man die Erde einmal umrundet: Die Entfernung beträgt genau 44.000 km.
- Finnland besteht flächenmäßig zu einem Drittel aus Lappland. Lappland wiederum besteht im Norden aus Fjälls, einem baumlosen Hügelland, im Osten aus riesigen Sümpfen und im Westen aus Wald und Bergland. Finnlands höchster Berg Haltia-Tunturi ist

1.328 m hoch. Lapplands größter See, der Inari-Järvi ist doppelt so groß wie der Bodensee.

☐ Finnland hat ein wenig mehr als 5 Millionen Einwohner. Auf fast der gleichen Fläche drängeln sich in Deutschland mehr als 80 Millionen Menschen. Von diesen 5 Mill. Finnen leben allein im Ballungsgebiet Helsinki, mit den Nachbarorten Espoo und Vantaa, knapp 1 Million Menschen. In Lappland leben durchschnittlich 2 Personen auf einem km^2, im Süden dagegen bis zu 120.

☐ Finnland ist das waldreichste Land Europas. 65 % der Landfläche besteht aus Wald. Nadelholz in erster Linie. 8 % der Fläche ist Ackerland und bebautes Land, 17 % sind Sümpfe, Moore, Fjälls und Sandstrände, und 10 % der Fläche Finnlands ist Wasser.

☐ Finnland gibt einem Gewässer erst dann das Prädikat „See", wenn seine Fläche mehr als 500 m^2 mißt. Von diesen Seen wurden insgesamt 187.888 gezählt. Das größte Seengebiet Europas, Saimaa umfaßt 4.400 km^2 Fläche. Natürlich zählte man auch die Inseln in den Binnenseen: 98.000; maß die Seetiefen: durchschnittlich 7 m, die größte Tiefe beträgt jedoch 95 m.

☐ Finnland liegt auch weit im Meer. Nicht nur mit den Åland-Inseln. Die flache Ostsee bildet in seinem östlichen Teil das größte Brackwasserbecken der Erde. Bleiben wir genau: Nennt man nur dann eine Insel „Insel", wenn sie größer als 100 m^2 ist, dann besteht das gesamte finnische Archipel aus 81.000 Inseln und Schären.

„Das andere Licht" –
Das Klima und die Jahreszeiten

Golfstrom, Ostsee und Westwinde sorgen freundlicher-
weise dafür, daß Finnlands Klima humaner ist, als man
es nach den Breitengraden erwartet. Die Sommer können heiß sein und die Temperatur kann +30 °C über-
steigen. Die durchschnittliche Sommertemperatur wird
mit +20 °C angegeben. Temperaturen im Winter von
-30 °C sind im Norden keine Seltenheit, im Süden sorgt
der Seewind dafür, daß die Kälte gleichfalls kräftig zu
spuren ist.

Die finnischen, die skandinavischen Jahreszeiten
sind jedoch mit Zahlen nicht zu beschreiben. Die Sonne,
die im Sommer im Norden ganze zwei Monate lang
nicht untergeht und im Winter sich für zwei Monate
gänzlich verabschiedet, wirkt in vielfältiger Form auf
die Stimmung, die Mentalität und das Temperament
der Menschen. Nur der, der den langen, dunklen Winter
und die tristen Übergangszeiten erlebte und mitlebte,
versteht das euphorische, liebevolle Verhältnis der
Finnen zum Sommer. Nur er wird die Johannis-Feiern
und die Mökki-Begeisterung verstehen.

Wärme- und Kältegrade sagen überhaupt nichts aus.
Auch in Deutschland waren die zurückliegenden Winter
kalt und die Sommer sehr heiß. Winter und Sommer
sind jedoch in Finnland etwas absolut anderes als in
Mitteleuropa. „Das andere Licht" ist tausendfach
besungen und beschrieben worden.

Winter in Finnland

Der Lappe, der Same, alle Bewohner Lapplands reagieren
empört, wenn man sie nach der „dunklen Zeit" fragt,
nach dem Winter, in dem sich die Sonne zwei Monate
überhaupt nicht zeigt und viele Monate nur kurz über
den Horizont blinzelt.

„Es ist bei uns nicht dunkel, wir haben nur ein anderes Licht. Es ist blau, alle Schattierungen von blau, manchmal versetzt mit Orange." Also „das andere Licht".

Im Laufe kürzester Zeit gewöhnt sich das menschliche Auge an dieses andere Licht. Die vermeintliche Dunkelheit verschwindet. Einen guten Vergleich kann man mit dem Auge einer modernen Kamera machen. Dieses technische Auge kann sich nicht auf das andere Licht einstellen. Es mißt nur die Lichtstärke. Auch in der Mittagszeit ist automatisches Fotografieren im Winter kaum möglich, die Bilder mißlingen: für die Kamera zu wenig Licht. Das Auge des Menschen ist hier technisch der besten Kamera haushoch überlegen.

Der nach Abenteuer dürstende mitteleuropäische Städter wird zu Beginn seines Winterbesuches in Lappland erstaunt und mit Sicherheit auch ein wenig enttäuscht sein. Das Leben geht seinen normalen Gang. Die Menschen gehen zur Arbeit, kaufen ein, fahren mit dem Auto. Vielleicht gehen sie aber bei minus 40 °C nicht so ausgiebig spazieren.

Augenfällig sind im ganzen Lande die geparkten Autos, die wie Hunde an der Leine auf dem Parkplatz oder vor dem Haus auf Herrchen oder Frauchen warten. Stromanschlüsse, die wie Parkuhren aussehen, heizen Motor und Fond des Wagens. Man sitzt in Hemdsärmeln im Wagen und reist durch ein Land, das Väterchen Frost fest im Griff hat; reist mit Spikes auf ungesalzenen Straßen fast lautlos durch eine von Eis erstarrte Welt. Der Wald ist tief verschneit und dick vereist. Die Flüsse sind zugefroren. Nur bei den *koski*, den Stromschnellen, lassen sie sich sehen und dampfen wie Geysire auf Island.

Nun mögen viele Gäste glauben, je weiter er gen Norden reist, je wilder werden die Temperaturen. Weit gefehlt. Lappland und besonders Lapplands Norden, wenige km vom Eismeer entfernt, hat eher ein „mildes" Klima. Mild verglichen mit dem Gebiet um Kuusamo, südlich des Polarkreises an der russischen Grenze. Hier wurden die tiefsten Temperaturen gemessen: bis - 50 °C! Ein wenig weiter, 100 km nördlich von Kuusamo, liegt der Ort Salla. Hier fanden erbitterte Kämpfe im

2. Weltkrieg statt. Der Feind war fast weniger der militärische Gegner als die gnadenlose Kälte oder die undurchdringlichen, stechmückenverseuchten Sümpfe. Dieses sei hier nur marginal erwähnt.

Die Finnen sagen, den Brutöfen des Mittelmeers in ihren Ferien endlich entronnen: *„Vor Kälte kann man sich schützen, der Hitze ist man hilflos ausgesetzt."*

Niemand muß frieren, der den Norden Finnlands oder das finnische Lappland besucht. Die Finnen verstehen sich auf Isolation ihrer Häuser. Sie waren sogar zu perfekt. Um die für die Gesundheit notwendige Luftzirkulation zu ermöglichen, hat man die Isolation gelockert. Wenn es dem Finnen trotzdem zu heiß wird, dann geht er aufs Eis. Er nimmt Angel, Eisbohrer, wärmenden Proviant und geht einen Tag zum Fischen auf den zugefrorenen See.

Finnischer Sommer

Es gibt für den finnischen Sommer nur ein einziges Synonym: *Mökki.* Bei diesem Sommerhaus handelt es sich beileibe nicht nur um ein Holzhaus an einem stillen See mit Sauna am Strand, Steg und Ruderboot, Schilf, Fels und Sand. *Mökki* ist mehr! Mehr als Pilze und Beeren sammeln, Angeln und Reusen auslegen, Holz machen, Wasser für die Sauna schöpfen und heizen. Noch mehr! *Mökki* heißt Stille bewahren, das spiegelglatte Wasser des Sees am Abend nicht durch eine hastige Bewegung beunruhigen, den Tauchervögeln lauschen und dem Bisam auf seinen Seefahrten mit den Augen begleiten. *Mökki* ist immer noch mehr: Lebens-Philosophie, der Inbegriff von Freiheit.

Mökki heißt „das wahre Paradies", für das man die Monate zuvor die Stadt ertrug, andere Menschen, Geräusche, Hektik, Ärger, Streß. Zwei Monate *Mökki,* das ist der finnische Sommer. Und all das wird zu einer stillen Einheit verknüpft und das ist „das andere Licht".

Der Sommer ist hell. Nachts auch im Süden nur dämmerig. Die Sommernächte am Mittelmeer sind abrupt dunkel und können empfindlich kalt werden. In

Finnland, in Skandinavien, wird es im Sommer nicht dunkel und kühl. Die Tage verschmelzen vom hellen Tag in einen nicht endenwollenden, gold und gelb leuchtenden Nachmittag und einen hellen, stillen Abend, an dem sich die Waldufer und Wolken 188.000 mal widerspiegeln, um bald nach Mitternacht mit einem Lichtmorgen wie Samt den neuen Sommertag zu beginnen.

An den hellen Tagen und hellen Nächten allein liegt es nicht. Kühle bringt Tau und Nässe. Der Morgen in Finnland dagegen ist trocken und warm, es riecht nach Pilzen und Harz, nach Schilf – und nach Kaffee und *Pulla*. Dieser finnische Hefezopf zum Kaffee ist auch dringend erforderlich, denn die Finnen trinken dreimal so viel Kaffee wie die Deutschen.

Die skandinavische Sommereuphorie wird jedermann sofort verstehen, hat er ein einziges Mal den nordischen Winter erlebt und die vor allem ewiglangen tristen, nassen, schmutzigen Übergangszeiten. Wärme und Licht werden durch dieses Erlebnis zu einem elementaren Geschenk.

In der zurückliegenden Zeit waren die finnischen Schulferien im Sommer unverhältnismäßig lang. Über 3 Monate. $2^{1}/_{2}$ sind geblieben. Die Familie startet am 1. Ferientag ins *Mökki* und kehrt am letzten zurück in die Stadtwohnung. Auch Finnen kennen und lieben offensichtlich den Stau. Der arme Teil der Familie, der Geld verdienen muß, der verbringt einen Teil des Sommers als grüner Witwer oder auch Strohwitwe in der Stadt und kehrt am Freitag zurück in den Stau, der ins Sommerhaus führt.

Zwischen Sommer und Winter und Sommer

Der Sommer verabschiedet sich quasi mit einem kurzen schnellen „Aufschrei" in Farben, mit *Ruska*, der dramatischen faszinierenden Laubfärbung im Norden, in Lappland. Ruska hat auch mit dem beginnenden anderen Licht zu tun. Anfang September werden die

Tage bereits so viel kürzer, daß die Pflanzen anfangen, aus Lichtmangel sich bunt zu verfärben. Fjällbirke, Blaubeere, Moosbeere, Alpenbeerentraube verzaubern die Landschaft und hüllen sie in ihr Ruska-Kleid aus tausend Rottönen. – Nach zwei Wochen ist alles vorbei.

Lokakuu. So heißt der Oktober in Finnland. Das sagt alles: Dreckmonat! *Lokakuu* und die nachfolgende Übergangszeit mit Nässe, Dreck und Dunkelheit zerrt an den Nerven und schlägt auf das Gemüt. Depressionen, Selbstmorde und natürlich Alkoholprobleme resultieren zu einem großen Teil aus den langen tristen Zeiten zwischen Sommer und Winter und Sommer.

Nach dem Dreckmonat *Lokakuu* folgt *Marraskuu*, der November. In der Übersetzung „Toter Monat". „*Maa on martaana*", sagt man in Finnland, „die Erde, der Boden ist tot".

Noch heute ist es absolut nicht selbstverständlich, daß die Straßen und Bürgersteige gepflastert sind. Vielerorts, natürlich nicht im dichtbesiedelten Süden, hat der Fußgänger oder Autofahrer Probleme mit Lehm und Matsch. Ungepflasterte Nebenstraßen, die geölten Verbindungen kleinerer Orte und Städte sind traumhafte Sommererlebnisse für Reisende. Aber in den Dreckmonaten? Im Binnenland und in den Schären entstehen in der Übergangszeit enorme Probleme bei der Versorgung der ungezählten bewohnten Inseln. Boote versagen oder das Eis trägt den Motorschlitten noch nicht.

Die Folge all dieser Mißlichkeiten heißt: man verläßt das Haus nur, wenn es unvermeidlich ist. Und dann auch nur murrend. Die zwischenmenschlichen Kontakte sind auf ein Minimum reduziert, Besuch erscheint selten. Dieser Jahreszeit verdanken die Finnen offenbar die Gewohnheit, die Schuhe, lehmig selbstverständlich, sofort an der Haustür auszuziehen. Auch von Gästen wird diese Geste erwartet. Trotzdem: diese Zeit ist dringend erforderlich, um später den finnischen Sommer bewußt und in vollen Zügen genießen zu können.

Ursprung und Gründung der Nation

Die „Indianer Finnlands"

Das Eis ging und die Finnen kamen. Kaum war das Land befreit von der Eislast, schon kamen die ersten Siedler. Bereits 10.000 Jahre vor Chr., zur Steinzeit, begann der Erstbezug Finnlands. Spuren der Besiedelung sind selbst nördlich des Polarkreises gefunden worden. Berühmtestes Zeugnis ist ein 5000 Jahre alter Elchkopf aus Stein, der ursprünglich als Waffe gedient haben soll.

In der Bronzezeit (ca. 1500 – 500 v. Chr.) und später in der Eisenzeit (500 v. Chr. bis 1500 n. Chr.) drangen Jäger und anschließend auch Händler weit in das Binnenland vor.

Eines jedoch ist gewiß: Als vor etwa 5000-6000 Jahren eine intensive Besiedelung über die baltischen Länder erfolgte, kamen Eindringlinge in ein Land, das bereits bewohnt war. Ob nun diese Ureinwohner entfernte Verwandte waren oder ob es sich um völlig andere ethnische Gruppen handelte, darüber wird fleißig noch heute gestritten. Auch wenn ein Verwandschaftsverhältnis bestanden hatte, kann man getrost sagen, das Verhältnis war schlecht. So langsam wurden die Urbewohner, die „finnischen Indianer", immer weiter nach Norden verdrängt. Heute vertragen sich die Landsleute von Suomi immer besser und die Samen pflegen ihre ethnische Eigenständigkeit immer selbstbewußter. Sie findet Ausdruck in der eigenen Sprache, der Musik, der Kleidung – und natürlich im ureigenen Temperament. Allerdings erst Mitte 1995 wurde das finnische Grundgesetz erneuert und die Samen darin offiziell als Ureinwohner erklärt. Die Samen haben nun das Recht auf ihre eigene Sprache und Kultur. Anfang 1996 wurde per Gesetz die kulturelle Selbstverwaltung der Samen

festgeschrieben, so daß sie jetzt weitaus bessere Möglichkeiten haben als früher, ihre kulturellen Angelegenheiten selber zu regeln.

Im 13. Jahrhundert, zur Zeit der Vikingerzüge, bestanden von Finnland aus rege Handelsbeziehungen
sowohl nach Skandinavien im Westen als auch nach
Nowgorod im Osten. Der Handel wurde auch hier im
hohen Norden lebhaft von Raubzügen begleitet. Christen
geworden, mußten sich die Skandinavier jedoch diesbezüglich zurückhalten. Die Finnen allerdings blieben
noch lange Zeit traditionsbewußt bei ihrem sogenannten
Heidentum. Es wird vermutet, daß die Sampo-Gesänge
aus dem *Kalevala*, dem Nationalepos Finnlands, von
den Zügen der finnischen Heiden Zeugnis ablegen.

500 Jahre im Königreich Schweden (1200–1809)

Keineswegs war Finnland zu Beginn seiner geschicht-
lichen Zeit eine Einheit. Die unterschiedlichsten Stämme
gingen teilweise nicht zimperlich miteinander um. Von
staatlicher Einheit war absolut keine Rede.

Dies war gewiß der Grund, warum sich Schweden
und die römische Kirche von der einen Seite und Nowgorod, also Rußland, mit der griechisch-orthodoxen,
ebenfalls christlichen Kirche von der anderen Seite für
das schöne Finnland interessierten. Von zwei Seiten
wurde an Suomi ausdauernd gezerrt. Südwestfinnland
und Häme orientierten sich in westliche Richtung;
Karelien in erster Linie geriet unter östlichen Einfluß.

Aus Einfluß wurde Macht. Kurz und bündig wurde
schließlich 1216 vom Papst Südwestfinnland dem
schwedischen König als Eigentum übereignet. Im Zuge
der Christianisierung kam es schließlich zum „Frieden
von Schlüsselburg": Die Gebiete Uusimaa und ein Teil
von Karelien fielen an Schweden, die Grenzfeste
Wyborg wurde errichtet.

Sukzessive wurde Finnland in das schwedische
Reich integriert. Die Rechts- und Gesellschaftsordnung

wurde übernommen und 1362 sandte Finnland erstmals einen Vertreter nach Stockholm zu den Königswahlen und im 15. Jahrhundert war Finnland schließlich im schwedischen „Vier-Stände-Tag" vertreten.

Schweden wurde Großmacht und Finnland bekam die schwedische Knute zu spüren. Als Grenzland war Finnland im 17. Jahrhundert extrem gefordert und litt, zumal Mißernten das Land Ende des Jahrhunderts gewaltig beutelten. Ein Drittel der Bevölkerung fiel in dieser Zeit Hunger und Seuchen zum Opfer.

Der 30jährige Krieg und die Landsknechte des Schwedenkönigs sind dem mitteleuropäischen Leser bestens vertraut. Jeder kennt Landsknechtlieder, wie beispielsweise dieses:

„Bet, Kinder bet, draußen steht der Schwed,
draußen steht der Oxenstiern',
der wird den Kindern das Beten lehr'n!
Bet Kinder bet."

Das schwedische Kriegsfußvolk waren bevorzugt Finnen, die Hakkapeliten. Der Name ist eine Ableitung des furchterregenden Schlachtrufes *„Hakkaa päälle",* Haut drauf.

Schweden festigte seine Großmachtstellung im 17. Jahrhundert im Ostseeraum. Die Stockholmer Zentralregierung zog auch in Finnland die Zügel kräftig an. Als führende Beamte wurden in Finnland ausschließlich Schweden eingesetzt, so daß die schwedische Sprache in Kultur, Bildung, Wissenschaft, Wirtschaft und Politik dominierte. 1640 wurde die erste Universität auf finnischem Boden gegründet, die „Åbo-Akademi" in Turku. Schwedischsprachig natürlich. Fennophile Bewegungen versuchten bereits in dieser Zeit, vergeblich zwar, dagegen anzukämpfen.

Schweden war zu Beginn des 18. Jahrhunderts mit den Ländern auf der anderen Seite der Ostsee derart beschäftigt, daß Rußland in aller Ruhe Finnland besetzen konnte und über 200 Jahre andauernde militärische Auseinandersetzungen auslöste:

- Im „großen Nordischen Krieg" von 1700–1721 brach Schwedens Vormachtstellung zusammen.
- 1714 begann die Zeit, die „Großer Unfrieden" genannt wird. Er endete 1721 mit dem Friedensschluß von Uusikaupunki (Nystad). Südostfinnland fiel an Rußland.
- Im Russischen Krieg von 1741–1743 wurde die schwedisch-finnische Armee vernichtend geschlagen; Finnland erneut besetzt: der „Kleine Unfrieden" genannt. Nach dem Friedensschluß von Turku zog die russische Armee zwar ab, gewaltige Gebietsverluste im Osten Finnlands waren jedoch der Preis.
- In Finnland wurden nun die Stimmen lauter, die nach einer Loslösung von Schweden sprachen. Finnland verbesserte seine Verteidigungsbereitschaft, die stärkste Seefestung, Viapori (Sveaborg), wurde gebaut, „Gibraltar des Nordens" genannt.
- Während des Krieges gegen Rußland 1788–1790 entwickelte sich bereits in Offizierskreisen eine separatistische Bewegung, die jedoch nicht vom Volk getragen wurde.

Finnland unter dem Zarenadler (1809–1917)

Im Jahre 1807 unternahmen Napoleon und Zar Alexander I. den Versuch, Schweden zur Kontinentalsperre Englands zu verpflichten. Auf diplomatischem Weg war jedoch gegen Schweden nichts auszurichten. Das Ergebnis war der Finnische Krieg von 1808–1809. Alexander I. besetzte Finnland.

Erstmals verhielt Rußland sich anders als nach den Kriegen 1721 oder 1743. Alexander begnügte sich nicht mehr mit Gebietsabtretungen. Im Friedensschluß von 1809 mußte Schweden das gesamte Finnland an Rußland abtreten. Die Sicherheit und Verteidigung St. Petersburgs mag der Beweggrund für diese drastische Maßnahme gewesen sein.

Zar Alexander I. verhielt sich den Finnen gegenüber ungewöhnlich geschickt. Auf dem finnischen Landtag in Porvoo ließ er die Finnen zwar die Treue zu Rußland und dem Zaren schwören, beließ ihnen jedoch große Freiheiten. Er bestätigte, daß er die finnische Verfassung achten und sämtliche Sonderrechte respektieren werde. Weiterhin gestand er den Finnen zu, bei ihrer evangelisch-lutherischen Religion zu verbleiben. Finnland wurde de facto ein autonomer Staat, nämlich ein Großfürstentum, dessen verfassungsmäßiger Monarch der Zar von Rußland war.

Ein finnischer Senat, deren Mitglieder finnische Staatsbürger waren, wurde gebildet. Und ein eigener „Vier-Stände-Tag". Kurz, ein eigenständiger finnischer Staat entstand. Alle Staatsentscheidungen mußten dem Zaren vorgelegt werden. Ohne den Umweg über das russische Staatsbeamtensystem hatte Finnland über ihren Ministerstaatssekretär ständig direkten Kontakt zum obersten Souverän, Zar Nikolaus I.

Für den Zaren bedeutete Schweden und sein Einfluß nach wie vor eine große Gefahr. So tat er alles, um Finnland von Schweden zu entfremden:

☐ Helsinki wurde 1828 statt Turku Hauptstadt Finnlands. Es lag nicht so direkt vor der Haustür Schwedens.
☐ Helsinki wurde zu einem repräsentativen Regierungszentrum ausgebaut. Die „Weiße Stadt am Meer" entstand. Der deutsche Städteplaner und Architekt C. L. Engel aus Berlin schuf das prachtvolle Regierungszentrum mit dem zentralen Dom.
☐ Finnisch wird neben Schwedisch gleichberechtigte Landessprache. 1843 wird Finnisch Schulfach und 1863 wird die finnische Sprache der schwedischen gleichgestellt.

Das 19. Jahrhundert war für ganz Europa das Jahrhundert der Romantik – und der Nationalromantik, beherrscht von der Rückbesinnung und Erforschung des ethnischen und nationalen Ursprungs. Auf allen politischen, gesellschaftlichen und kulturellen Ebenen war in besonderer Weise Finnland beherrscht vom aufblühenden Nationalbewußtsein. Wie vor 14.000 Jahren vom Eis, so begann Finnland sich von der Beherrschung und auch Unterdrückung durch fremde politische Mächte und Kulturen zu befreien.

Elias Lönnrot schuf das finnische Nationalepos *Kalevala*. Johan Ludwig Runeberg avancierte zum finnischen Nationaldichter durch seine vaterländischen Gesänge und durch die Nationalhymne. Die bedeutendste Persönlichkeit dieser Zeit war für Suomi jedoch der Philosoph und Staatsmann Johan Vilhelm Snellman (1808–1881). Der Senator und Professor an der Universität Helsinki ist der Schöpfer des finnischen Geldwesens. Er gründete finnischsprachige Gymnasien und erreichte für die finnische Sprache die volle Gleichberechtigung neben der schwedischen. In der Regierungszeit Zar Alexanders II. von 1855–1881 war er die Persönlichkeit mit dem größten Einfluß und Weitblick.

Zar Alexander II. war ein erklärter Freund Finnlands und der finnischen Landschaft. Nicht nur zur Jagd hielt er sich häufig in Finnland auf. Noch heute ist sein Jagdhaus Langinkoski bei Kotka an den Stromschnellen zu besichtigen. Mit seiner Ermordung gewann im Russischen Reich die panslawische Bewegung Einfluß. Ihnen war die Sonderstellung Finnlands ein Dorn im Auge und während der Regierungszeit des willensschwachen Nikolai II. von 1894–1917 begannen die Russen, systematisch Finnlands Autonomie zu untergraben.

Das Februarmanifest von 1899 beschnitt Finnlands Rechte drastisch und stellte im Grunde die Machtübernahme dar. Eine unvergleichbare Protestbewegung war die Folge. Innerhalb von 10 Tagen unterschrieben eine halbe Million Finnen eine Bittschrift und über 1000 Persönlichkeiten des kulturellen Lebens aus dem gesamten Europa richteten eine Adresse an St. Petersburg. Ohne Erfolg. Die erste russische Unterdrückungsperiode war die Folge in den Jahren 1899–1905.

1905 hatte Rußland mit Japan militärische Probleme und mußte empfindliche Niederlagen hinnehmen. Der Zar war vorübergehend gezwungen, die Regierung zu liberalisieren. Finnland war der unmittelbare Nutznießer mit der radikalsten Parlamentsreform Europas. 1906 erhielt Finnland seine neue Verfassung. Mit einem einzigen Sprung fand der Wechsel vom „Vier-Stände-Tag" zum „Ein-Kammer-Parlament" statt. Als Beispiel sei erwähnt, daß Finnlands Frauen als erste in Europa das Stimmrecht und insgesamt sämtliche politischen Rechte erhielten.

Die Freude war kurz und die zweite Unterdrückungsperiode bis zum Weltkrieg folgte mit einer schmerzhaften Russifizierung, die selbst Regierungsorgane nicht verschonte.

Viele Finnen „nutzten" inoffiziell den 1. Weltkrieg, um sich im Ausland militärisch für einen möglichen Freiheitskampf ausbilden zu lassen. Und der finnische Senat unter der Führung von P. E. Svinhufvud „nutzte" die Oktoberrevolution in Rußland, um die finnische Unabhängigkeit zu erklären. Das war am 6. Dezember 1917. Lenin erkannte die Unabhängigkeit am 4. Januar 1918 an: Finnland war frei.

Finnland ist frei

„Rot" gegen „Weiß". Eine linke radikale Gruppe der Sozialdemokraten, die „Roten", strebte 1918 eine Revolution an nach dem Vorbild und mit Hilfe Lenins Bolschewiken. Die „weißen" Regierungstruppen, von Deutschland unterstützt, siegten unter der Führung von General Carl Gustaf Emil Mannerheim. Mannerheim wurde Staatsverweser und erzielte durch sein großes Ansehen in der Welt die Anerkennung der finnischen Unabhängigkeit durch die USA und Großbritannien. Mit Rußland wurde 1920 ein Friedensvertrag geschlossen. K. J. Ståhlberg wird erster Staatspräsident.

Keineswegs war der Kampf eine rein innere Angelegenheit der Finnen. Die Interessen der Großmächte spielten eine gewaltige Rolle und tragen die Mitverantwortung an der großen Zahl der Todesopfer, die dieser Bürgerkrieg forderte. Die „Roten" wurden mit Waffen aus der UdSSR bestückt. Deutschland stand auf der Seite der Konservativen, der „Weißen". Bereits beim Ausbruch des Weltkrieges wurden finnische Freiwillige in Deutschland ausgebildet, die einen Aufstand in Finnland vorbereiten sollten. – Die Deutschen hatten aber noch erheblich exotischere Ideen: Der Schwager von Kaiser Wilhelm II., der Prinz Friedrich Karl von Hessen, sollte zum finnischen König gewählt werden. Der Krieg ging verloren und der bedauernswerte Prinz konnte den finnischen Thron nicht besteigen.

Außenpolitische Anlehnung suchte Finnland zunächst bei den baltischen Ländern, die ebenfalls ihre Souveränität erkämpft hatten, und Polen. Die Hoffnung, der Völkerbund könne dauerhaft den Weltfrieden wahren, erwies sich als sehr fragwürdig. So gab Finnland 1935 eine Erklärung ab, sich in Fragen der Neutralitäts-, Sicherheits- und Verteidigungspolitik nach dem skandinavischen Modell auszurichten.

Nun geschah 1939 etwas sehr Ungewöhnliches: Die Sowjetunion stand der neuesten finnischen Neutralitätspolitik äußerst skeptisch gegenüber, zumal sich die gesamte politische Lage in Europa zuspitzte. Die UdSSR befürchtete, daß Finnland, trotz alledem, im Falle einer militärischen Auseinandersetzung als Basis genutzt werden würde. Sie bot Finnland ausgedehnte Waldgebiete in Ostkarelien an im Tausch für einige Inseln und Landgebiete vor Leningrad, die für die UdSSR strategisch von großer Bedeutung wären.

Mannerheim setzte sich vergeblich dafür ein, auf die Forderungen einzugehen. Zum einen erkannte er den berechtigten Wunsch der Sowjetunion nach militärischer Sicherheit für Leningrad, andererseits wußte er, daß Finnlands Armee sich nicht lange gegen die überlegene Großmacht verteidigen könne. Finnland lehnte ab.

Als „Winterkrieg" ging der daraufhin folgende Waffengang in die Geschichte ein. Er endete nach drei Monaten mit Gebietsabtretungen und einer großen Zahl an Gefallenen. Allerdings bewahrte Finnland seine Neutralität und gewann in der Welt sehr großes Ansehen und Respekt; das kleine Finnland hatte den russischen Bären – fast – in die Knie gezwungen. Die finnische Kriegsführung im Winter war neu und der sowjetischen weit überlegen. Zwar hatten die Westmächte den skandinavischen Ländern Hilfe zugesagt, jedoch kamen die Interventionen nicht oder zu spät. Deutschland besetzte Norwegen und Dänemark und erzwang von Schweden und Finnland, daß Truppentransporte durch ihre Länder geduldet werden. Als schließlich Deutschland in Rußland einmarschierte, stand die deutsche Wehrmacht mit Truppenverbänden in Finnland.

Die militärische Neutralität bewahren zu können, war für Finnland in dieser Situation unmöglich. Auch glaubte Finnland daran, an der Seite Deutschlands die im Winterkrieg verloren gegangenen Gebiete zurückgewinnen zu können. Trotz des gemeinsamen militärischen Gegners, der UdSSR, hielt Finnland sich Deutschland auf Distanz und wahrte seine politische Unabhängigkeit in überraschender und für die deutsche Diktatur nahezu provozierender Weise. Diese finnische Freiheit stellte Finnland demonstrativ zur Schau, um in der Schlußphase des Krieges unter Umständen den Beistand der Westmächte zu erlangen. Finnland wollte ja schließlich nur „sein Karelien" wieder haben. Interessant ist darüber hinaus, daß Finnland während des Krieges ohne Unterbrechung zu den Vereinigten Staaten friedliche Beziehungen pflegte.

Ab 1943 bemühte sich Finnland um einen Sonderfrieden. Zuvor ist Finnland zu einem Vertrag mit der UdSSR gezwungen worden, um einer sowjetischen Großoffensive zu entgehen. Im Sommer 1944 wurden in Finnland Präsident und Regierung ausgetauscht. Alte Verträge wurden also nach finnischer Lesart ungültig. Mannerheim übernimmt die Regierungsgeschäfte und schließt mit der UdSSR einen Separatfrieden ab. Etwa dieselben Gebiete, die bereits im Winterkrieg verloren gingen, mußten erneut abgetreten werden. Ein weiteres russisches Diktat: die Vertreibung der deutschen Truppen aus Finnland.

Für das Deutsch-Finnische Verhältnis begann nun eine enorme Belastungsprobe. Finnland hatte de facto die Fronten gewechselt. Die deutsche Wehrmacht war gezwungen, sich nach Norwegen durchzukämpfen. Unter dem Begriff „Verbrannte Erde" wird dieser Rückzug unvergessen bleiben. Kein Stein blieb auf dem anderen. Kein Dorf, kein Hof, keine Brücke blieb verschont. Rovaniemi, Lapplands Hauptstadt, fiel in Schutt und Asche.

Aus „Waffenbrüdern" wurden militärische Gegner. Aus militärischen Gegnern wurden inzwischen Freunde; dies ist das Ergebnis einer gemeinsamen tragischen Geschichte. Das politische, wirtschaftliche und gesellschaftliche Verhältnis zweier Länder allerdings könnte heute nicht besser und konstruktiver sein als das zwischen Deutschland und Finnland.

Der Winterkrieg 1939–40, der Weltkrieg, für die Finnen der „Folgekrieg" 1941–44 und der Lappland-Krieg gegen Deutschland 1944–45 waren vorüber. Finnland hatte Glück im nationalen Unglück: die Souveränität, die Freiheit blieb dem über Jahrhunderte unterdrückten Land erhalten. Nordostlappland mit Petsamo und große Gebiete Kareliens gingen zwar verloren und gewaltige Probleme mußten gemeistert werden. Fast eine halbe Million Karelier, die ihr Land am Ladoga-See verloren, mußten eine neue Heimat finden. 400.000 Personen, das waren 10 % der finnischen Bevölkerung. Hinzu kamen sogenannte Kriegsschulden, Reparationsforderungen der UdSSR in astronomischer Höhe.

Auch in dieser Zeit kämpfte Finnland weiter um seine Freiheit und Unabhängigkeit. Aufbauhilfen des Westens, wie Marshallplan usw. wurden abgelehnt. Wirtschaftliche Abhängigkeit, das haben die Finnen zur Genüge in ihrer Geschichte erfahren müssen, artet schnell in politische Umklammerung aus und endet in militärischem Unheil.

Finnland ist das einzige Land der Welt, das seine Reparationsleistungen nach einem verlorenen Krieg pünktlich und bis zum letzten Heller gezahlt hat. Und das absolut allein und ohne fremde Hilfe. Hilfe erfuhren die Finnen nur durch *sisu*.

Die finnische Außenpolitik der Nachkriegszeit bis in die letzten Jahre dieses Jahrtausends ist beherrscht von den Grundsätzen einer „friedlichen Koexistenz mit der UdSSR", der wirtschaftlichen und kulturellen Integration der westlichen Welt und einer strikten

Neutralitätspolitik. Diese Politik, eingeleitet durch Finnlands Staatspräsidenten J. K. Paasikivi (1946–56), wurde nahtlos von Urho Kekkonen (1956–81) mit großem Geschick und Erfolg weitergeführt. Kekkonens Erbe übernahm anschließend erstmals ein Sozialdemokrat, Mauno Koivisto (1982–94), der das Amt an seinen Parteifreund Martti Ahtisaari übergab.

Finnland wurde sehr früh, im Jahre 1955, Mitglied der Vereinten Nationen und des Nordischen Rates, schloß sich 1961 der EFTA an und unterzeichnete 1973 einen Freihandelsvertrag mit der EWG. 1975 organisierte Finnland die erste KSZE-Konferenz, die mit der berühmten „Schlußakte von Helsinki" in die Geschichte Einzug hielt. Für Finnland bedeutete die KSZE-Konferenz in Helsinki: Die Welt, der Osten wie der Westen, akzeptiert und vertraut Finnlands politischer neutraler Position.

Eine besondere Betrachtung und Würdigung verlangt das finnische Engagement unter der blauen Flagge der UNO: Finnische Truppen unter dem Kommando der Vereinten Nationen wurden eingesetzt im Nahen Osten (Suez, Golan, Sinai, Libanon), auf Zypern, im Kaschmir und in Namibia. Im Verhältnis zur Bevölkerung stellt Finnland das mit Abstand größte Kontingent an Freiwilligen: 26.000.

Der Zusammenbruch der sozialistischen Staaten und insbesondere die Auflösung der UdSSR brachte für den Nachbarn Finnland gewaltige wirtschaftliche, aber auch gesellschaftliche Probleme. Rezession und Arbeitslosigkeit gerieten aus den Fugen. So tief der plötzliche Absturz, so unbeschreiblich sind die Erfolgsergebnisse der letzten Jahre.

Der Beitritt zur „Europäischen Union" ist der logische Abschluß einer konsequenten zielstrebigen Politik Finnlands.

Der Staat

Das moderne demokratische finnische Staatswesen, der Präsident und die Parteien

Suomen tasavalta ist der offizielle Name Finnlands. Republik Finnland. Unabhängig seit 1917. Unabhängigkeitstag ist der 6. Dezember. Die Verfassung wurde am 17. Juli 1919 verabschiedet und eine republikanische Regierungsform gewählt.

Man sagt, daß „Republik" die einzige vernünftige Staatsform für die Finnen ist, denn sie waren schon immer recht eigensinnig und empfindlich, besonders dann, wenn ihnen jemand etwas befehlen wollte. Etwas Monarchie hat Finnland sich jedoch bewahrt. Der Staatspräsident hatte erheblich umfangreichere Befugnisse als Präsidenten anderer Länder, vergleichbar mit den USA und Frankreich: Er ernannte bisher die Regierung und konnte das Parlament auflösen und Neuwahlen anordnen. Vor kurzem sind diesbezüglich erhebliche Einschränkungen vorgenommen worden. Die Richtlinien der Außenpolitik werden weiterhin vom Präsidenten bestimmt und sämtliche Gesetze bedürfen seiner Bestätigung. Darüber hinaus ist er der Oberbefehlshaber der Streitkräfte und hat zudem das alleinige Begnadigungsrecht. Der Präsident wird für jeweils 6 Jahre gewählt, erstmals 1994 direkt vom Volke. Eine anschließende Wiederwahl ist neuerdings nur einmal möglich.

Das finnische Einkammerparlament *(Eduskunta,* schwedisch *Riksdag)* hat 200 Abgeordnete, die jeweils für 4 Jahre gewählt werden. 1906 wurden in Finnland die ersten auf allgemeinem und gleichem Wahlrecht basierenden Parlamentswahlen abgehalten, die ersten Wahlen der Welt, bei denen auch die Frauen uneingeschränkte Staatsbürgerrechte und das volle Wahlrecht genossen. Die politische Emanzipation der Frauen also nahm in Finnland seinen Anfang. Im jetzigen finnischen Parlament halten Frauen 67, also 1/3 der Sitze, d. h. 33,5 %. In Deutschland liegt der Frauenanteil inzwischen auch schon bei 26,2 %.

Ein Vielparteien-System hat in Finnland Tradition, viele Parteien sind allerdings nur „Minigrüppchen". Bei Persönlichkeitswahlen sind die Spitzenpolitiker nicht wie in Deutschland durch Landeslisten und Sperrklauseln abgesichert, so daß manch einer nicht erneut gewählt wurde. Auf der anderen Seite jedoch haben Individualisten im Wahlkreis ein Mandat erringen können, obwohl ihre Partei landesweit kaum ein Prozent der Stimmen erzielen konnte.

Jaakko Iloniemi, ein anerkannter finnischer Politiker, bemerkte, in Finnland müssen die Regierungen ausnahmslos durch Koalitionen gebildet werden, da keine Partei jemals die absolute Mehrheit erreiche. Dies sei allerdings auch nicht zu bedauern. Die Unterschiede zwischen den politischen Parteien in Finnland sind im allgemeinen nicht so unvereinbar, daß sie bestimmte Koalitionsmöglichkeiten von vornherein ausschließen. Für Finnen ist es auch nicht verwunderlich, daß also nach den letzten Wahlen auf eine rein bürgerliche Koalition eine von links-außen bis rechts folgte.

Im jetzigen Parlament sind 10 Fraktionen vertreten (Kürzel in Klammern): Sozialdemokratische Partei (SDP), Zentrumspartei (KESK), Nationale Sammlung (KOK), Linksverband (VAS), Schwedische Volkspartei (RKP), Grüne (VIHR), Christliche Union Finnlands (SKL), Partei der Jungfinnen (NUORS), Finnische Landvolkpartei (SMP), Ökologische Partei (EKO). Die sog. Linksparteien erzielten 1995 bei den Wahlen 85, die bürgerlichen Parteien 115 Mandate.

12 Provinzen hat das Land. Und diese politischen Provinzen sind in Verwaltungsdistrikte gegliedert, die den wohlklingenden Namen *Nimismiespiiri* tragen. Die größte Provinz ist Lappland, *Lappi*, mit Rovaniemi als Hauptstadt, gefolgt von *Oulu*, ebenfalls im Norden. Diese beiden Provinzen umfassen weit über die Hälfte des finnischen Territoriums. Allerdings wohnen hier,

durch die Brille eines Mitteleuropäers, „so gut wie keine Menschen". In amtlichen Dokumenten wird die Bevölkerungsdichte dieser Gebiete angegeben mit 0 bis 10 Einwohner pro km^2. Die Betonung liegt fast auf „Null". Genau gesagt, in Lappland wurden 2 Personen pro km^2 gezählt, in der Provinz *Oulu* jedoch schon 5 bis 10. In Deutschland drängeln sich dagegen 250 Menschen auf dem km^2. Die am dichtesten besiedelte Provinz Finnlands, *Uusimaa*, schwedisch *Nyland*, mit den Großstädten Helsinki, Espoo und Vantaa, bringt allerdings schon eine nahezu mitteleuropäische Besiedlungsdichte von 120 auf das Statistikpapier. Hier die 12 Provinzen Finnlands ein wenig systematischer:

Lappi	Fjälls, Sümpfe	0- 2 E/km^2
Oulu	Walder, Moore, Seen	5- 10 E/km$^?$
Pohjois-Karjala	Wälder, Sümpfe	5- 10 E/km^2
Vaasa	Küste, Kulturland	10- 20 E/km^2
Keski-Suomi	Wälder, Seen	10- 20 E/km^2
Kuopio	Wälder, Seen	10- 20 E/km^2
Mikkeli	Wälder, Seen	10- 20 E/km^2
Turku	Küste, Kulturland	30- 45 E/km^2
Häme	Wälder, Seen	30- 45 E/km^2
Uusimaa/Nyland	Küste, Kulturland	110-130 E/km^2
Kymi	Küste, Kulturland	30- 45 E/km^2
Åland-Inseln	Schären-Inseln	10- 20 E/km^2

Die Regierung ist für die allgemeine Verwaltung des Landes verantwortlich, die Provinzen und Kommunen für die regionale, der die Verwaltungsreform von 1977 eine noch stärkere Selbstverwaltung zubilligt. Die Åland-Inseln bilden eine Ausnahme. Der Völkerbund hat 1921 die Åland-Inseln Finnland zugesprochen, aber gleichzeitig ein besonderes Autonomiestatut erlassen. Seit 1993 ist die sehr weit gehende Selbstverwaltung Ålands gesetzlich geregelt. Die Amtssprache ist Schwedisch, Åland hat einen gesonderten Landtag, eine eigene Flagge (Landschaftsflagge) und seit 1982 eigene Briefmarken. Demilitarisierung und Neutralität wurden vom Völkerbund den Åländern garantiert, die Männer Ålands sind nicht wehrpflichtig.

Leben in Finnland

Finnisches Wohnen – von der Land-
flucht und dem Sommerhaus am See

Die Welt ist im Wandel. Finnland, das Land im Norden am Rande Europas, hat die gesellschaftlichen Verände-rungen in dramatischer Form erlebt und der Prozeß ist noch immer nicht abgeschlossen. Aus einem Agrarland wurde binnen weniger Jahre ein hochtechnisierter Staat. Der Bauer von gestern sitzt heute am Computer einer Feinmechanik-Fabrik. Nicht nur im Süden.

Infrastrukturmaßnahmen unvorstellbaren Ausmaßes waren erforderlich, um die Bevölkerung vor Arbeits-losigkeit zu schützen und auf den Märkten, immer mehr auf den Weltmärkten, konkurrenzfähig zu sein.

An dieser Stelle soll nun auf Aspekte des Wohnungs-baues und der Verkehrsanbindungen eingegangen werden. Ein mittelständisches modernes Unternehmen in Mittel- und Nordfinnland, besonders aber in Lapp-land, kann nur bestehen, wenn ihre Arbeiter und Ange-stellten in der Nachbarschaft des Betriebes wohnen. Kein Unternehmer ist aus Kostengründen und Aspek-ten der Arbeitsplanung in der Lage, seine Mitarbeiter mit firmeneigenen Bussen von den entlegensten Höfen zu holen. Die Entfernungen sind in Finnland wirklich gewaltig, die Wetterbedingungen häufig ausge-sprochen unzuverlässig und problematisch, als daß eine geregelte, pünktliche Produktion erfolgen könnte. Fazit: Die Arbeit kann nicht zum Menschen kommen, der Mensch muß sich also zu seinem neuen Arbeits-platz begeben.

Eine extrem starke Landflucht setzte in den 50er Jahren ein. Und sie hält an bis auf den heutigen Tag. Inzwi-schen lebt etwa 65 % der Bevölkerung in urbaner Umgebung. 1952 lebten noch etwa 2/3 der Finnen von der Landwirtschaft; heute sind es nicht einmal 10 %. Etwa die Hälfte des gesamten finnischen Wohnungsbestandes ist in den letzten 20 Jahren gebaut worden. Bis vor wenigen Jahren wurden jährlich 50.000 Wohneinheiten fertiggestellt. Im Jahre 1994 waren es immerhin noch etwa 27.000, trotz Rezession.

Wohnsiedlungen mußten und müssen aus dem Boden gestampft werden. Diese Hektik ist leider den Städten und Siedlungen stark anzumerken. Land ist ja ausreichend vorhanden. Schließlich möchte man ja auch nicht „übereinander gestapelt" wohnen. So lebt also der landflüchtige Finne am liebsten – und wenn er es sich leisten kann – in einem Reihenhaus. Zumeist handelt es sich um einfache Fertig-Reihenhäuser mit Flachdach und ohne Unterkellerungen, *lättähattu* ist der finnische Spottname. Selten sind derartige luxuriöse und architektonisch vorbildliche Reihenhäuser zu finden wie beispielsweise die von Reima Pietilä gebauten Häuser in Espoo/Suvikumpu.

Eigentum, nicht Mietwohnungen oder -häuser, ist in Finnland gebräuchlich. 2/3 aller Wohnungen sind im Besitz der Bewohner. Zur Stadtwohnung, ob Etagenwohnung oder Reihenhaus, gehört selbstverständlich die Sauna. Noch selbstverständlicher ist das *Mökki*, das Sommerhaus an einem der 188.000 Seen, an der Küste oder auf einer Insel der Schären, ein fester Bestandteil des finnischen Lebens. Für den Finnen ist dies Standard und Inbegriff der persönlichen Freiheit.

Über eine Viertelmillion Sommerhäuser stehen an einsamen Seen. An manchen der Seen müssen offenbar mehrere „Mökkis" stehen, da, wie gesagt, „nur" 188.000 Seen vorhanden sind.

Noch ein Griff in die finnische Statistikkiste: Auf fünf Finnen kommt eine Sauna. Statistisch könnte also das gesamte finnische Volk gleichzeitig in Saunen untergebracht werden. Nicht einmal eng beieinander müßten sie schwitzen, denn viele finnische Saunen haben Platz für mehr als 10 Personen.

Die finnische Familie –
und die Rolle der Frau

Großfamilien mit mehreren Generationen unter einem Dach sind auch in Finnland so gut wie nicht mehr zu finden, selbst auf dem Lande nicht. Zudem ist die Landbevölkerung in den letzten Jahren auf etwa 1/3 der Bevölkerung geschmolzen. Aber nicht nur die Großfamilien lösen sich auf. Selbst die klassische Familie „Vater-Mutter-Kind" ist nach Auffassung von Wissenschaftlern auch in Finnland auf dem Weg, Vergangenheit zu sein. In Deutschland ist dieser Prozeß noch erheblich weiter fortgeschritten: Über 60 % der Deutschen leben bereits in einem Einpersonenhaushalt. Die Finnen bringen es allerdings bereits auf stolze 45 %. Falls man überhaupt von Familien sprechen darf, dann sind 27 % der finnischen Familien, besser gesagt Eheleuten, kinderlos. Hinzu kommen außerdem die alleinerziehenden Mütter bzw. Väter.

Gesellschaftliche Schreckensbilder malen Fachleute an die Wand: Wohin gerät eine Gesellschaft wie die finnische mit der niedrigsten Geburtenrate der Welt? In Einsamkeit und Egoismus! Oder ist purer Egoismus der Auslöser dieser beängstigenden Entwicklung? Autos, und dabei nicht die kleinsten, mindestens ein Reihenhaus und weite Reisen ans Ende der Welt kosten nun mal viel Geld. Was bleibt ihnen anderes übrig, als daß beide Ehepartner arbeiten.

„Ei niin vanhaksi tyttönä, ettei kylliksi akkana."
„ Wie lange man auch unverheiratet ist, vom Leben als Ehefrau kriegt man immer noch genug."

Dieses finnische Sprichwort zeugt von humorvollem Sarkasmus. Die finnische Frau „steht ihren Mann". Eine Finnin ist eine berufstätige Finnin. 48 % der gesamten Arbeitskraft des Landes leistet die Frau. Mit anderen Worten: 80 % aller Frauen im erwerbsfähigen Alter gehen außerhalb des Hauses einer beruflichen Tätigkeit nach. Und schließlich der Gipfel an Belastbarkeit finnischer Frauen: 75 % aller Mütter mit schulpflichtigen Kindern sind berufstätig.

In puncto Selbständigkeit haben die Finninnen, verglichen mit ihren Geschlechtsgenossinnen anderer europäischer Länder, ein großes Stück Vorsprung. Bereits im Jahre 1906 erhielten sie das uneingeschränkte aktive und passive Wahlrecht zugesprochen und im politischen Leben sind ihre Aktivitäten nichts „Exotisches", wie es hierzulande in Deutschland so manch ein männlicher Politiker darzustellen beliebt. 67 der 200 Parlamentarier, also 33,5 %, sind Frauen. Und von den 16 finnischen Vertretern im Europäischen Parlament sind 10 weiblich. Das sind schon 62,5 %. Selbst in Kirchenämtern sind Frauen selbstverständlich und nicht wegzudenken. 500 weibliche Pfarrer verrichten ihre seelsorgerische Tätigkeit.

Trotz dieser stolzen Zahlen kann auch in Finnland nicht von Gleichberechtigung der Geschlechter gesprochen werden. Frauen sind auch hier „in den Chefetagen" unterprivilegiert, auch das Gehaltsniveau der Frauen bei gleicher Tätigkeit liegt deutlich unter dem der Männer. Lehre und Forschung sind Domänen der Herren der Schöpfung; von löblichen Ausnahmen sei abzusehen. Die finnischen Frauen mögen jedoch nicht klagen. Hat doch ein UNO-Bericht festgestellt, daß es den finnischen Frauen am besten geht – auf der ganzen Welt.

Der finnische Staat nimmt seine Verantwortung für die Familie und für die Entlastung der Frau außergewöhnlich ernst. Das Sozial- und Gesundheitsministerium in Zusammenarbeit mit den Gemeinden ist verantwortlich für Tagespflegeplätze für nicht schulpflichtige Kinder in ausreichender Anzahl. Pflegeplätze können selbstverständlich auch Familien sein, soweit geschultes Personal zur Verfügung steht. Neben dem Kindergeld steht den Eltern für ihre Kinder unter drei Jahren ein monatliches Pflegegeld zu, unabhängig davon, ob das Kind zu Hause oder an einem Pflegeplatz betreut wird. Das Kindergeld wird gezahlt bis zum vollendeten 17. Lebensjahr, in den ersten drei Jahren gelten zusätzlich höhere Beträge. Eine liebenswerte Besonderheit muß zur Abrundung beigetragen werden. Sie heißen Parktanten, finnisch *puistotäti*, und betreuen, wie der Name sagt, in öffentlichen Parkanlagen Kinder für kurze Zeit, wenn die Mutter dringende Besorgungen zu erledigen hat. Und dann gibt es die Tagespflege-plätze, *päiväkoti*, und sogar Pflegeplätze für die Nacht für Kinder von Eltern, die Schichtarbeit leisten.

Die staatlichen Anstrengungen für die Familien sind ohne Frage gewaltig, hier ganz besonders für die Emanzipation der Frau. Verschweigen wir Schönheits-fehler in Ballungsräumen, in denen stellenweise ein schmerzhafter Mangel an Tagespflegeplätzen festzu-stellen ist, und schließen mit dem Hinweis auf die riesige Erleichterung, die eine berufstätige Frau erfährt durch die warmen Mahlzeiten, die die Kinder bei ihren Pflegeplätzen und in den Schulen erhalten.

18,5 % des Staatshaushaltes ist für das finnische soziale Sicherheitssystem vorgesehen, ein System, das weltweit als eines der besten und lückenlosesten gilt. Wo ist das Geld des Staates besser angelegt als bei seiner Jugend?

Nicht genug. Neben den staatlichen, kommunalen Einrichtungen unterhalten auch viele Firmen Kinder-krippen für Kleinkinder. Vereinzelt sind diese Krippen bis spät in die Nacht geöffnet für Mütter im Schicht-dienst. Trotz beängstigenden Sinkens der Geburts-zahlen, Finnland ist durch und durch kinderfreundlich. Häuser und Wohnanlagen sind vorbildlich für Kinder konzipiert. Eine Familie mit Kindern findet erheblich einfacher eine Wohnung oder ein Haus als in Mittel-europa, und die „Untaten" der Kleinen werden mit größerem Gleichmut hingenommen als in Deutsch-land.

Beruf und Familie – diese „Doppelbelastung" emp-findet die finnische Frau nicht unbedingt als Belastung. Sie ist Ausdruck auch für persönliche Freiheit und Selbständigkeit. Die berufstätige Mutter ist inzwischen alte finnische Tradition. Über Emanzipation wird wenig oder gar nicht gesprochen, da sie ja eine Selbst-verständlichkeit ist. Das Leben hat nichts zu verschen-ken; und wenn die doppelt geforderte Finnin erschöpft

58

und müde heimkehrt, hilft ihr als ironischer Trost ein vielzitiertes altes finnisches Sprichwort:
„Ei terve ruumis työtä kaipaa."
„Ein gesunder Körper verlangt nicht nach Arbeit."

Geborgen im finnischen sozialen Netz – Positives und Probleme der Gesundheitsfürsorge

Die alte finnische Weisheit hat noch heute eine gewisse Gültigkeit:
„Jos ei viina, terva ja sauna auta, on tauti kuolemaksi."
„ Wenn Schnaps, Teer und Sauna nicht helfen, dann führt die Krankheit zum Tode."

In der staatlichen Fürsorge haben die Verantwortlichen trotzdem zusätzliche Maßnahmen getroffen. Das öffentliche Gesundheitssystem ist ein primärer Bestandteil des finnischen Sozialfürsorgesystems. Kern dieses absolut flächendeckenden Systems ist kostenlose ambulante Versorgung in den Gesundheitszentren *(Terveyskeskus)* und den Polikliniken.

Am Anfang jedoch steht eine Nummer. Ohne seine persönliche Nummer ist ein Finne ein Nichts. Ohne diese Nummer kann ein finnischer Bürger nicht agieren, nicht funktionieren. Diese Nummer *(henkilötunnus)* ist wichtiger als jedes andere Dokument. Bei Banken und Schulen, bei der Arbeitsstelle und jeglicher Behörde. Und im Gesundheitswesen. Ohne Nummer keine Pille. Der Staat Finnland begrüßt feierlich den neuen Erden- und Staatsbürger mit der Bekanntgabe seiner Nummer, die wie ein zweites Ich ihn fortan begleiten wird. Vor dem Ableben hat der verantwortungsbewußte Bürger seine persönliche Nummer zurückzugeben. Letzteres ist zwar faktisch unrichtig, entspricht aber dem Ernst der Sache.

Kommen wir zurück zur finnischen Krankenversicherung, der jede Person mit dem Wohnsitz in Finnland angehören muß. Außer den Gesundheitszentren verfügt das Land natürlich auch über private niedergelassene Ärzte. Sie haben einen hervorragenden

Ruf, sind jedoch sehr teuer. Aber auch in diesem Fall erstattet die Krankenversicherung mindestens einen Teil der privaten Behandlung. Die zahnmedizinische Behandlung, das ist die Ausnahme, wird ausschließlich von privaten Zahnärzten vorgenommen; Schulkinder allerdings haben ihren kostenlosen Schulzahnarzt.

Die Institution „Gesundheitszentrum" bedarf einer zusätzlichen Erklärung. Unter *Terveyskeskus* ist nicht ein Gebäude zu verstehen, sondern es handelt sich um eine ausgeklügelte Organisation, die alle Fäden der Gesundheitsfürsorge in Händen hält: Praktische Ärzte, Fachärzte, Hebammen, Krankenhäuser, Kurkliniken, Krankenpflege und weiteres Personal oder andere Spezialeinrichtungen. Mit großem Erfolge gekrönt ist die nahezu lückelose Mutter-Kind-Betreuung. Fazit daraus ist die extrem niedrige Kindersterblichkeit. Ein sogenannter Klassenunterschied ist in Finnland im Keim erstickt worden. Jede werdende Mutter wird regelmäßig untersucht und beraten, und die Betreuung endet nicht mit der Entbindung. Der Staat entläßt seine Bürger nach ihrer Geburt nicht in ein Vakuum; seine dauerhafte Verantwortung beginnt erst. Als Beispiel sei die absolute Rundumbetreuung von Kleinkindern, Kindern und Jugendlichen erwähnt bis zu dem Tag, an dem sie ihr Schicksal selbst in die Hand nehmen.

Das Recht älterer Menschen? Finnen, die in den Ruhestand gehen, haben und erhalten ihr Recht. Es gibt das Stichwort „Volksrente". Bei dieser Vokabel dachte jeder Mitteleuropäer, daß ihm, falls er das Glück hätte, Finne zu sein, finanziell nichts Arges geschehen könne. Falsch! Natürlich gab und gibt es die „Volksrente", *kansaneläke*. Eine nennenswerte Funktion jedoch, besonders nach der kürzlichen Rezession, hat diese sogenannte Rente nicht mehr. Besser ist es, heute von „Erwerbsrenten" zu sprechen. Diese Renten werden berechnet nach dem Schema: 60 % nach 40 Jahren.

Zurück zum Gesundheitswesen, das in Finnland in jeder Beziehung staatlicher Lenkung unterliegt. Zuständig ist der nationale Sozialausschuß und das Ministerium für das Sozial- und Gesundheitswesen. Bemerkenswert ist die Tatsache, daß der Bürger nicht das Recht der freien Arztwahl hat. Offenbar hat sich dieses System jedoch in Finnland bewährt. Die Nachteile liegen auf der Hand. Sich mit seinen Problemen an einen „fremden Menschen" zu wenden, bedarf Überwindung. Der Arzt ist eine Vertrauensperson; Hilfe und Heilung hängt zu einem nicht geringen Teil vom persönlichen Kontakt ab. Andererseits, und das erleben wir in Deutschland, ist bei freier Arztwahl Tür und Tor für Mißbrauch geöffnet, der die Kosten der Gesundheitsfürsorge ins Unermeßliche treiben kann. So wird in Finnland vermieden, daß ein Patient auf Kosten der Krankenversicherung so lange von einem Arzt zum anderen geht, bis ihm die Diagnose „gefällt".

Wie, im wahrsten Sinne des Wortes, der finnische Staat um das Wohlergehen seiner Bürger und Steuerzahler besorgt ist, zeigt folgende Verfahrensweise mit Medikamenten, die der Leser glauben muß, denn sie ist die absolute Wahrheit: Unzumutbar für den zartbesaiteten finnischen Patienten sind natürlich derart derbe Drohungen wie *„Zu Risiken und Nebenwirkungen lesen Sie die Packungsbeilage oder..."* Ein Beipackzettel, auf dem haarklein beschrieben ist, welch grauenvolles Gift der arme Mensch verabreicht bekommt und in dem exakt gesagt wird, bei welchen Beschwerden das Mittel absolut wirkungslos ist, ein derartiges Schriftstück gehört nicht in die Hände eines nach Gesundheit und Wohlbefinden Lechzenden, sagte der finnische Gesetzgeber, und seit eh und je fehlen diese berühmten Beipackzettel: wohlwissend, daß in vielen Fällen aus einem Unwohlsein eine schwere Erkrankung werden kann, gäbe man dem Betroffenen den Beipackzettel zu lesen.

Ein Zusammenhang mit der durchschnittlichen Lebenserwartung ist nicht nachgewiesen. Jedoch stehen der finnischen Frau ganze 80 Jahre zur Verfügung, das Erdendasein zu genießen. Und das trotz sogenannter Doppelbelastung. Womit jedoch die finnischen Männer ihre Gesundheit ruinieren, darüber wird ständig spekuliert. Fest steht, daß sie rund 9 Jahre weniger Zeit haben; ihre Lebenserwartung beträgt ganze 71 Jahre (in Deutschland 73). Und dieser Unterschied zwischen den Geschlechtern ist in Finnland am größten.

Nun könnte man auf den Gedanken kommen, die Frauen lebten deshalb so lange, weil die finnische Geburtenrate die niedrigste der Welt ist. Lediglich 0,5 % beträgt die jährliche Wachstumsrate der Bevölkerung.

Volksbildung heißt in Finnland Bildung

Finnische Kinder haben es besser als ihre „Leidensge-nossen" in Deutschland. Sie werden erst im Alter von sieben Jahren zum Schulunterricht zitiert. Neun Jahre währt diese Grundtortur, Grundschule genannt. Sechs Jahre Unterstufe und drei Jahre Oberstufe. Nun zeigt sich der Sozialstaat von seiner spendablen Seite. Die Grundschule ist kostenfrei, von kleinen rezessionsbe-dingten Kürzungen abgesehen: Hefte, Bücher, Blei-stifte, Radiergummi, alles. Dazu eine – meist warme – Mahlzeit, und die lieben Kinder werden, ebenfalls kostenlos, mit dem Taxi (finnisch *Taksi*) oder Bus von Daheim abgeholt und am Nachmittag, vollgestopft mit Bildung, bei den Eltern abgeliefert. Bei den riesigen Entfernungen, der zum großen Teil sehr dünnen Besiedlung und teilweise extremen Witterungsverhält-nissen eine unbeschreibliche finanzielle und organisa-torische Leistung der staatlichen Institutionen.

Manchen Schülern mag die „Kelirikko-Zeit" ein zusätzliches Vergnügen bescheren. *Kelirikko* bedeutet unpassierbare Straßen. Kein Taxi, kein Bus wagt oder schafft den Weg. Nicht nur die Straßen sind im Früh-jahr und im Herbst in ländlichen Gegenden in einem abenteuerlichen Zustand. Ärger noch und problema-tischer stellen sich während *Kelirikko* die Beförderungs-probleme für die Inselbewohner dar. Und Inseln gibt es genug in Suomi: Über 180.000 Inseln im Meer und in den Binnenseen, die aber Gottlob nur zum Teil bewohnt sind. Und es werden laufend mehr, denn das Land hebt sich ja ständig aus dem Wasser. Die Zeit des brüchigen Eises, die Zeit, in der sich weder Boot noch Motorschlitten aufs Wasser wagen, bringt so manches Mal die Unterrichtspläne durcheinander und die all-gemeine Schulpflicht muß modifiziert und auf die jeweilige Situation angepaßt werden.

Wenn es nach dem Schulsystem ginge, würden die jungen Finnen nicht nur „in zwei Sprachen beharrlich schweigen", um Bertolt Brecht zu bemühen. Der Fremdsprachenunterricht beginnt bereits in der dritten Grundschulklasse. Wohlgemerkt, Finnland ist ein Land mit zwei Sprachen, und die finnische und schwedische Sprache gelten nicht als Fremdsprachen. 90 % der Kinder wählen heute Englisch als erste Fremdsprache. Seit 1990 ist festzustellen, daß Deutsch als erste Fremdsprache immer beliebter wird. In der Klasse 8 dann kann der Schüler als zweite Fremdsprache unter Deutsch, Französisch und Russisch wählen. Eine weitere, dritte Fremdsprache ist dann in der Oberstufe noch möglich; womit ein Schüler im Alter von 16 Jahren unter Umständen fünf Sprachen beherrscht, bzw. von denen etwas gehört hat. Daß das finnische Schulsystem einen derartigen Akzent auf Sprachen legt, hat Methode. So wunderschön die Sprachen Finnisch und auch Schwedisch klingen, Weltsprachen sind sie jedoch leider nicht.

Deutsch war lange Zeit die beliebteste Fremdsprache. Gab es doch seit eh und je starke bilaterale kulturelle, politische und wirtschaftliche Bande. Deutsche Sprachkenntnisse wird der Gast häufig noch bei älteren Menschen antreffen. Im Lauf der letzten Jahrzehnte verlor Deutsch völlig an Bedeutung. Nun allerdings interessieren sich seit 1990 wieder mehr und mehr Finnen für die deutsche Sprache. Gut so. Schließlich ist Deutschland Finnlands bedeutendster Handelspartner und bietet den Finnen einen Markt mit 80 Millionen Personen. Dazu kommen weitere 20 Millionen deutschsprachige Menschen in Österreich und der Schweiz. Und Finnland ist mit Macht und Erfolg auf dem besten Wege, diesen Markt für seine Produkte zu erobern.

Mit der 9. Klasse ist die Pflicht beendet und die Kür beginnt. Eine 10. Grundschulklasse ist zwar möglich, der überwiegende Teil der Schüler jedoch entscheidet sich für den Gymnasialzweig, die Abiturstufe. Nach drei Jahren ist dann, so Gott und der Fleiß will, das Abitur geschafft: *ylioppilastutkinto*. Diejenigen, die sich nach der Grundschule für die Berufsschule entschieden haben, besuchen diese berufsbildende Fachschule unterschiedlich zwei bis fünf Jahre und beginnen dann sofort ihr Berufsleben, denn eine betriebliche Lehrlingsausbildung gibt es in Finnland nicht.

Zum finnischen Schulsystem ist ein kurzer Kommentar erforderlich, denn das Land steht vor weitreichender Neuorientierung und Umstrukturierung. Die Grundschule hatte bislang den Charakter einer Einheitsschule. Das Ziel bestand in „Zusammenschweißen", weniger in der Förderung der Individualität und Selektion je nach Veranlagungen und Vorlieben. Dabei sagt man den Finnen zu recht nach, im höchsten Maße Individualisten zu sein.

Wer also aus dem mitschwimmenden Durchschnitt aufsteigen wollte, der mußte sich sehr bemühen oder sehr begabt sein. Möglicherweise war diese „Gleichmacherei" der Auslöser dafür, daß das finnische Schulsystem in den letzten Jahren heftig und kontrovers diskutiert wurde. Bereits 1991 traten Reformen der Schulgesetze in Kraft mit dem Ziel, weitreichende Aufgaben und Befugnisse an die Gemeinden und Schulen zu delegieren. Die Abiturstufe erfährt momentan eine völlige Neuorientierung. Möglicherweise wird der Unterricht in Richtung begabungsorientierter Selektion umgestaltet. Berufliche Fehlorientierung der Jugendlichen soll durch gezielte Förderung erkennbarer Begabung verhindert werden. Um Schülergerechtere Erziehung zu schaffen, werden neueste psychologische Forschungsergebnisse bemüht.

Die neue Abiturstufe dauert 2–4 Jahre und der Unterricht hat den Charakter eines Kurses. Die Dauer einer Kurs- bzw. Unterrichtsperiode richtet sich nach dem Fach oder den Fächerkombinationen. Der Schüler kann nun aus dem Angebot exakt die „Kurse" wählen, die er für sich als die geeignetsten ansieht und bereits zu Beginn seine fakultativen Abiturprüfungsfächer wählen. Ob diese Reformbestrebungen auch die Grundschulen erreichen werden, ist zur Zeit unklar. Offen ist ebenfalls, ob der Beitritt Finnlands zur EU das Bildungswesen beeinflussen wird. Warum das finnische Abitur seit 1993 in Deutschland nicht mehr anerkannt wird, also nicht mehr die Türen deutscher Hochschulen für Finnen öffnet, wird hart diskutiert. Und nicht nur in Finnland. Liegt es an den überfüllten deutschen Universitäten oder vielleicht doch am finnischen Schulsystem?

Diese großen Probleme sind unwichtig, wenn Ende Mai die Abiturergebnisse, *ylioppilastutkinto*, im ganzen Land feierlich bekannt gegeben werden. Interessant ist, daß in Finnland seit jeher Zentralabitur gang und gäbe ist und die Noten landesweit von der Schulbehörde vergeben werden. Der Lehrer leistet bei der Korrektur der einzelnen Abiturarbeiten lediglich „Vorarbeit". Das große Familienfest beginnt. Es sei denn, der arme Abiturient wird vom finnischen Staat freundlich ersucht, ein zweites Mal den Anlauf zum Abitur zu nehmen. Der frischgebackene erfolgreiche Abiturient, *ylioppilas*, trägt erstmals am 31. Mai seine weiße Studentenmütze mit der goldenen Lyra. Auch die stolzen Mütter und Großmütter tragen die Lyra. Kurz durchgezählt und man weiß, wieviele Kinder oder Enkel die Mütter durch das Abitur gebracht haben. Sind die Finnen süchtig nach Titeln und Auszeichnungen? Selbstverständlich. Spätestens mit dem Abitur ist der Anfang getan.

Und dann hat Finnland noch eine Besonderheit. Auch die Kinder, die Finnisch nicht als ihre Muttersprache pflegen, können das Abitur ablegen. Die finnische Sprache allerdings müssen sie dabei lernen. Das sind nicht nur die Finnland-Schweden. Auch die altehrwürdige Deutsche Schule in Helsinki nimmt das finnische Abitur ab. Diese, auch bei den Finnen sehr beliebte und begehrte Schule führt alle Stufen durch, vom Kindergarten über Vorschule und Grundschule bis zum Abitur. Der Großteil der Schüler stammt aus rein finnischen Familien. Deutsches Schulwesen hat in Finnland eine lange Tradition. Deutsch war – nicht nur zur Zeit des Hansebundes – die Hauptverkehrssprache im östlichen Ostseeraum, und zwar bis zum 1. Weltkrieg. Danach war Englisch angesagt. Das deutsche Lyzeum in Viipuri / Wiborg in Karelien (jetzt Rußland) galt im 19. Jahrhundert als das beste Gymnasium Finnlands.

Ein wenig Geschichte mehr: Den ersten Lehrstuhl in finnischer Sprache erhielt die Universität Helsinki erst Mitte des vergangenen Jahrhunderts. Allerdings besaß Finnland bereits seit 1648 in der seinerzeitigen Hauptstadt Turku eine Universität. Das war zur Schwedenzeit. 1828, zur Zeit der Zarenherrschaft, zog die Universität in die neu gegründete Metropole Helsinki.

Heute besitzt Finnland 21 Universitäten bzw. wissenschaftliche Hochschulen und drei Kunstakademien. Statistiker sagen, jeder 10. Finne hat einen Hochschulabschluß, obwohl lediglich etwa 60 % eines Abiturjahrganges Zugang zu einer Hochschule oder Universität finden. Trotzdem muß gesagt werden, daß der finnische Staat gewaltige finanzielle Anstrengungen unternimmt. 18 % des gesamten Staatshaushaltes gibt er für Unterricht, Wissenschaft und Kultur aus.

Die finnische Medienlandschaft – von Büchern und Bibliotheken, von Zeitungen und TV

Es ist kein finnisches Phänomen. Je kleiner ein Sprachvolk, je aktiver ist das Land im gesprochenen, geschriebenen und gedruckten Wort. Deutschland, *das* Land der Bücher überhaupt, muß mit Erstaunen und Hochachtung die Vielfalt und den verlegerischen Mut finnischer Verleger anerkennen. Die wichtigste Weltliteratur liegt in finnischer Übersetzung vor, aufwendigste Eigenproduktionen werden gewagt, ohne große Chance einer Co-Produktion oder Lizenzvergabe zu haben.

Der Blick in eine finnische Buchhandlung zeigt dem Interessierten, Finnland ist ein Land der Büchernarren. Nicht allein die berühmte Buchhandlung Akateeminen Kirjakauppa in Helsinki, auch die Buchläden in kleinen Orten beweisen die Internationalität. Eine Abteilung mit Literatur in deutscher Sprache zum Beispiel gehört fast zum Standard.

Bei den großen Entfernungen in Finnland und der geringen Bevölkerungsdichte haben logischerweise

Buchklubs eine zentrale Funktion. Und diese auf bemerkenswertem Niveau. Ein „Trick", das verlegerische und kaufmännische Risiko klein zu halten, sind Subskriptionen: Eine Buchidee wird im Katalog vorgestellt und wenn ausreichend Vorbestellungen vorliegen, geht das Buch in die Produktion.

Nach den Isländern sind es die Finnen, das ist statistisch erwiesen, die den höchsten Lesekonsum der Welt haben. Davon zeugt das flächendeckende Netz öffentlicher Bibliotheken und Büchereien im Lande. Insgesamt sind es 1.500. Ganz zu schweigen von den 18.000 „Haltestellten" für Büchereiwagen und, wie könnte es in Finnland anders sein, Bücherschiffe. So stehen Bücher und Tonträger an über 20.000 Anlaufstellen zur Verfügung. Jeder Finne konsumiert, sprich leiht jährlich 17 Bücher oder Tonträger. Und alles selbstverständlich völlig kostenlos.

Hinzu kommen 600 wissenschaftliche Bibliotheken und wissenschaftliche Informationsstellen, die im gleichen Maß überdurchschnittlich stark frequentiert werden. Eine hervorragende Adresse für Wissenschaftler und literarisch Interessierte, die der deutschen Sprache mächtig sind, ist die berühmte Deutsche Bibliothek in Helsinki mit ihrem hervorragend gepflegten und sortierten Bestand, aber auch wegen ihres Lesesaals mit allen wichtigen Zeitungen, Zeitschriften und Fachzeitschriften.

Immer wieder darf bei all den genannten Zahlen eine Zahl nicht vergessen werden: Finnland hat 5 Millionen Einwohner. Erst dann bekommt die Nennung der Auflage einer Tageszeitung von einer halben Million einen Sinn, denn welche deutschsprachige Tageszeitung erreicht eine tägliche Auflage von 8 Millionen Exemplaren? Von *Helsingin Sanomat* ist hier die Rede, und diese Zeitung ist kein Boulevardblatt!

Helsingin Sanomat ist zwar die einzigste überregionale Tageszeitung, steht allerdings überall im Lande in Konkurrenz mit 250 Regionalblättern. Von diesen lokalen Zeitungen erscheinen 15 in schwedischer Sprache, die wichtigste ist das *Huvudstadsbladet* mit einer täglichen Auflage von über 60.000 Exemplaren.

Fast noch erstaunlicher stellt sich der Zeitschriften-
markt dar. Sage und schreibe 1.100 Zeitschriften über-
fluten finnische Kioske. Einige Auflagen dürfen keines-
falls verschwiegen werden: *Valitut Palat* = 340.000,
Seura = 270.000, *Apu* = 255.000. Selbst traditionelle,
seriöse Zeitschriften wie *Suomen kuvalehti,* ein Kultur-
und Politikmagazin, bringt es zu einer Auflage von
115.000, die Frauenzeitschrift *Kotiliesi* auf 210.000
Exemplare.

Nun wage es niemand zu behaupten, die riesigen
Auflagen lägen eben nur daran, weil den Finnen quasi
das Papier kostenlos – mehr oder weniger – „vor der
Haustüre wächst". Der finnische Lesehunger ist
tatsächlich gewaltig. Die Lesesäle der öffentlichen
Bibliotheken sind vielbesuchte Orte.

Über das Niveau und die Rolle von Rundfunk und
Fernsehen als Instrument der Volksbildung und Information wird selbstverständlich auch in Finnland fleißig
diskutiert. *Yleisradio Oy (YLE)* heißt die finnische
Rundfunk- und Fernsehgesellschaft. Sie ist zu 99 % im
Besitz des Staates. Das Parlament bestimmt, was ge-
sendet werden darf. Besser und diplomatischer: *YLE*
unterliegt der parlamentarischen Kontrolle.

Drei finnischsprachige und zwei schwedischsprachige Kanäle stehen zur Verfügung. Außerdem
sendet *Yleisradio* täglich sieben Stunden in saamischer
Sprache, der Sprache der Lappen, besser: Samen. Eine
Weltneuheit bietet die Idee eines Lateinlehrers:
Wöchentlich wird eine Nachrichtenübersicht in klassi-
schem Latein dem Äther anvertraut. Eine in Finnland
offenbar beliebte und akzeptierte Sendung. Beliebt aber
nicht nur bei Finnen. Immer mehr ausländische Hörer
im Sendegebiet lieben diese Nachrichten. Schließlich ist
Latein eine erheblich leichtere Sprache als das
Finnische.

Über das finnische Fernsehprogramm ist lediglich
zu sagen, daß es zwei staatliche Sender und ein kom-
merzielles Programm, *MTV*, gibt. Zur Qualität etwas?
Die Finnen sind ein kluges Volk, das Bildungsniveau
wird im weltweiten Vergleich als überdurchschnittlich
bezeichnet. Finnen sehen viel fern, also muß ihr TV-

Programm auch dementsprechend überdurchschnittlich sein. Oder?

Religion und Kirche

Finnland ist ein christliches Land und der Staat ist in ganz ungewöhnlicher Weise bei Kirchenfragen involviert. Darum heißt es ja auch „Finnische Staatskirche". Hier der Beweis: Drei Kandidaten für das Amt des Bischofs der finnischen evangelisch-lutherischen Staatskirche werden vom Bistum vorgeschlagen. Der Staatspräsident persönlich setzt den Bischof in Amt und Würde ein. Logisch, daß auch das Domkapitel vom Staat bezahlt wird. Es geht noch weiter. Neue Kirchengesetze müssen vom finnischen Parlament abgesegnet werden. Heiß diskutiert wurde – im Parlament –, ob Frauen Bischöfe werden können. Bislang dürfen sie nicht. Allerdings gibt es weibliche Pfarrer, über 500 inzwischen.

Automatisch denkt man daran, daß auch die Kirchensteuer im Spiel ist, wenn der Staat sich derart intensiv um kirchliche Belange kümmert. Richtig. Aber auf eine andere, verblüffende Weise. Die Kirchensteuereinzugsbehörde macht keinen Unterschied zwischen einem zivilen Christenmenschen und einem Sägewerk. Alle zahlen Kirchensteuer, ob Privatperson oder Firma, ob Blumenverkäuferin oder Werft. Der einzige Unterschied: Die Blumenverkäuferin entscheidet freiwillig, ob sie zur Landeskirche gehören und Steuern zahlen mag, die Werft allerdings wird zur Landeskirche zwangsverpflichtet und darf sich fortan evangelisch-lutherisch nennen. Da Finnland ein Land der Seefahrer und des Schiffsbaues ist, stammt vielleicht der Name *Christliche Seefahrt* demnach aus Finnland?

Es geht auch in der anderen Richtung. Der Kirche obligt ein wichtiges Amt: Das Kirchenregister, das Bürgerregister. Allerdings müssen sich alle Finnen, die der Landeskirche nicht angehören, an das Zivilregister wenden, wenn sie die Absicht haben zu heiraten, Kinder anzumelden oder zu sterben. Das Amt heißt *siviilirekisteri*.

Ansonsten gibt es ungezählte Parallelen zwischen den europäischen Ländern. Der Finne und seine Familie ist bereits stark säkularisiert. Man läßt aber christlich taufen und konfirmieren, man heiratet kirchlich und selbst wenn der Finne längst der Staatskirche den Rücken gekehrt hat, der Herr Pfarrer darf auf dem letzten Gang nicht fehlen. Nichtmitglieder zahlen mehr.

Wie gut und fromm waren doch die alten Zeiten, in denen bereits am Samstag aufgebrochen wurde, um pünktlich am Sonntag zum Kirchgang zu erscheinen. 50 km auf dem Landweg oder auf dem Wasser waren keine Seltenheit. Die berühmten finnischen Kirchenboote trugen 100 Christenmenschen. Sie mußten von 10–15 starken Männern gerudert werden. Man übernachtete in Herbergen bei der Kirche, feierte, traf Verwandte, machte Geschäfte und lobte Gott den Herrn.

Heutzutage ist jeder Pastor froh, zum Gottesdienst eine Bootsladung vor die Kanzel zu bekommen. Trotz fester Straßen und dem neuesten Volvo, trotz Motorboot oder Motorschlitten. Vorbei ist auch die Zeit der vielen Erweckungsbewegungen. Ihre Botschaften sind jedoch nicht verschollen. Ihre Spiritualität hat nachhaltig die finnische evangelisch-lutherische Kirche beeinflußt. Sie wurden in die Staatskirche integriert oder es entstanden daraus eigene Gemeinden. Österbotten an der Westküste, eine „schwerfällige" Landschaft mit ebensolchen Menschen, ist nach wie vor Erweckungs-Heimat.

Von unschätzbarem Wert ist die Kinder- und Jugendarbeit der Kirchen. Das Engagement und das Angebot für die heranwachsenden Finnen ist wunderbar. Von religiösen Freizeiten und Wochenendseminaren zu Zeltlagern und gemeinsamen Reisen oder Begegnungen. Offenbar hat die Kirche die besten Wege gefunden, die jungen Generationen anzusprechen und in Gemeinsamkeit einzubinden.

90 % der Bürger zählen zur evangelisch-lutherischen Landeskirche. Hinzu kommen etwa 3 % eingetragene oder auch nicht eingetragene Splittergruppen. Die

Deutsche evangelische Kirchengemeinde mit rund 2.500 Mitgliedern untersteht der finnischen Landeskirche, und zwar in der schwedischsprachigen Diözese.

Unter den weiteren Glaubensgemeinschaften bildet die Pfingstbewegung die stärkste Gruppe mit rund 50.000 Mitgliedern. Österbotten an der Westküste ist ihr Stammland. Es folgen die Evangelische Freikirche und die Adventisten. Nur rund 4.000 Mitglieder zählt die katholische Kirche in Finnland; sie ist Mitglied des Finnischen Ökumenischen Rates. Zu nennen sind an dieser Stelle die jüdische Gemeinde und die Moslemische Gemeinde, die jeweils 1.000 Mitglieder zählen. Insgesamt kann mit Recht gesagt werden, daß Finnland in Bezug auf den Glauben größten Respekt und Toleranz gegenüber Andersgläubigen zeigt.

Zweite Landeskirche – seit 1922 – ist die Griechisch-orthodoxe Kirche (trotz der Nähe zu Rußland handelt es sich nicht um die Russisch-orthodoxe Kirche). 60.000 Mitglieder zählt die Gemeinde. Ihr Einfluß und ihre Bedeutung in Finnland ist erheblich größer, als es nach der Zahl der Mitglieder den Anschein macht.

Die Orthodoxen haben unter den Kriegen ganz enorm gelitten. Ihr Stammland in Karelien am Ladoga-See ging völlig verloren. Das gewaltige Kloster Valamo, auf einer Insel im Ladoga-See gelegen, wurde aufgegeben und siedelte um in das Gebiet von Heinävesi, östlich von Kuopio und heißt logischerweise Uusi-Valamo, Neu-Valamo. Eine der wertvollsten Ikonen-Schätze der christlichen Welt war im Besitz der Valamo-Mönche. Auf sehr geheimnisvolle Weise konnten auch die Ikonen das atheistische Land verlassen und haben in Kuopio im orthodoxen Museum eine neue Heimat gefunden.

Die kleinen orthodoxen Gebetshäuser (Tsasouna) sind verstreut im ganzen Land, häufig in den einsamsten Landschaften Nordkareliens, das zu Finnland gehört. Die farbenprächtigen Kirchenfeste ziehen alljährlich auch viele nicht orthodoxe Christen in ihren Bann.

Wie haben die jüdischen Bürger Finnlands die jüngste Vergangenheit erlebt? Als Finnland noch ein russisches

Großherzogtum war, erhielten sie von den Finnen bereits Gebetshäuser. Auf der Festungsinsel Suomenlinna, Helsinki vorgelagert, befand sich eines der ersten. Ob dies ein politisches Signal in Richtung St. Petersburg war oder finnische Grundhaltung zur Religionsfreiheit, sei dahingestellt. Bemerkenswert jedoch ist die Tatsache, daß die Juden in Finnland Schutz fanden und toleriert wurden in einer Zeit, in der in Rußland exzessive antisemitische Pogrome stattfanden.

Im freien Finnland, im Jahre 1918, wurde den Juden offiziell die Möglichkeit geboten, finnische Staatsbürger zu werden. Im Bürgerkrieg standen sie dann auf der Seite der „Weißen", der Mannerheim-Fraktion, im Kampf gegen die „Roten".

Als ein gewaltiger Affront mußte das Verhalten Generalfeldmarschall Mannerheims von den mit Finnland verbündeten faschistischen Machthabern Deutschlands empfunden werden, als er persönlich zu einer Gedenkstunde zur finnischen Unabhängigkeit in der Synagoge erschien. Die jüdische Gemeinde in Finnland ist seit eh und je klein. Ihr Einfluß in Politik und Gesellschaft ist nicht zu unterschätzen.

So wie die großen Feste der griechisch-orthodoxen Kirchengemeinde nicht allein in der abgeschlossenen Diaspora begangen und gefeiert werden, sondern auch finnische Christen von Herzen daran teilnehmen, so ließen die evangelisch-lutherischen Christen ihre wenigen, insgesamt nicht mehr als 4.000 Seelen zählenden katholischen Landsleute nicht im Stich, als unlängst der Papst sie im Eissportstadion von Helsinki begrüßen wollte. Rund zehntausend Finnen im überfüllten Stadion bereiteten Papst Johannes Paul II. einen herzlichen Empfang. Finnische Ehrensache!

Die Welt der Arbeit

Langeweile kam nicht auf in den letzten Jahren in Finnland. Der Arbeitsmarkt erlebte Turbulenzen in einem Ausmaß, daß ein Vergleich mit den Sorgen deutscher Arbeitnehmer fast peinlich anmutet. Nun sind

72

Finnen zwar kalte Temperaturen gewohnt, aber der Wind blies ihnen wahrlich arktisch in ihr Arbeitnehmergesicht.

Man stelle sich folgende Situation vor: Der Chef gibt seinen Mitarbeitern in einer Betriebsversammlung in knappen Worten folgendes kund und zu wissen: *„Ich teile Ihnen mit, daß Sie in diesem Jahr einen ganzen Monat länger Urlaub erhalten! Unbezahlt natürlich! Und ich erwarte von jedem verantwortungsvollen Mitarbeiter, daß er trotzdem zur Arbeit erscheint...!"*

Das ist kein schlechter Scherz. Möglicherweise waren derart drastische Maßnahmen der Arbeitgeber notwendig. Gleichwie und auf wessen Kosten: Lohnkürzungen, Entlassungen, Sozialabbau, Arbeitsplatzunsicherheiten beherrschten die Gemüter in den zurückliegenden Jahren. Staatsbedienstete, Arbeiter und Angestellte waren gemeinsam betroffen. Das arbeitende Volk, die Unternehmen und der Staat haben diese gewaltige Krise überlebt. Heute explodiert die Wirtschaft, auch wenn es noch zu viele Arbeitslose gibt.

Was war geschehen? – Die Finnen haben ganz einfach über ihre Verhältnisse gelebt. Der „Schwarze Peter", wie könnte es anders sein, landete auch hier im Norden zuerst einmal bei der „genußsüchtigen, verschwenderischen" Bevölkerung. Geschehen war jedoch erheblich Einschneidenderes: Das Stichjahr war 1990. Die Weltwirtschaft geriet in schwere Turbulenzen. Der gesamte Osthandel brach nahezu über Nacht völlig zusammen. Das Land stürzte in seine bisher dramatischste Rezession in ihrer Geschichte. Ein schwerer Sturz erfolgt bekanntlich nur aus größerer Höhe. In den 80er Jahren boomte die Wirtschaft; Finnland hatte das höchste Wirtschaftswachstum der westlichen Industrienationen. Der Lebensstandard war sehr hoch. Er überragte teils selbst den des „reichen" Deutschland.

Nun beherrschte das Gespenst *Lamakausi* das Land, die lange gefürchtete Rezession. Das Bruttosozialprodukt sank um glatte 15 % und die Arbeitslosenzahlen schnellten von 3,4 % im Jahre 1990 auf nahezu 20 % im Jahr 1993 an. Massenentlassungen und Streik. Kaum vorstellbar ist der wochenlange Streik bei sämtlichen finnischen Banken. Für den Bürger hieß dieses: Keine Gehalts- und andere Überweisungen wurden vorgenommen, Mieten konnten nicht gezahlt werden, nichts. Wie das Land diese Zeit ohne Staatsbankrott überlebte, ist für ausländische Fachbeobachter nach wie vor ein Rätsel. Aber die Finnen haben etwas, was die anderen nicht haben: Das geheimnisvolle *sisu*. Und mit *sisu* zogen sie sich am eigenen Schopf aus dem Schlamassel.

Der finnischen Wirtschaft geht es inzwischen hervorragend und auch für die arbeitende Bevölkerung ist ein Streifen Hoffnung am Horizont zu erkennen. 16,3 % Arbeitslosigkeit Anfang 1996, aber immer noch eine der höchsten Europas. Die Finnen vertrauen offenbar ihrem Land und ihrer Wirtschaftskraft mehr als in den 70er Jahren, als man förmlich von einer Auswanderungswelle nach Schweden sprach. Es geht aufwärts, aber die gewaltigen privaten Einbußen sind so schnell nicht aufzuholen. Notverkäufe von Wertgegenständen oder Immobilien sind an der Tagesordnung, um das Überleben der Familie zu gewährleisten. Insgesamt darf nach wie vor nicht übersehen werden, daß dieses Land in fast ungesunder Geschwindigkeit den Sprung vom Agrarland in ein Dienstleistungsland tat. 30 % aller Werktätigen sind in Dienstleistungsunternehmen beschäftigt, ebenso viele wie im produzierenden Gewerbe. Handel und Gastgewerbe folgen mit 15,5 %, und man höre und staune: ganze 8,5 % der Arbeitnehmer lebt von Forstwirtschaft und Fischerei.

Wieder ein paar interessante Zahlen zum Vergleich mit denen des eigenen Landes: Knapp die Hälfte der Arbeitnehmer, 47 %, ist weiblich, der Rest männlich; Lohn und Gehaltsempfänger haben einen Anteil von 85 %. Man sieht, ein Beamtentum im deutschen Stil gibt es nicht. Es gibt natürlich Staatsbedienstete, sie sind aber Lohn- bzw. Gehaltsempfänger, wie die Mitarbeiter privater Unternehmen. Bei den genannten Prozentzahlen fehlen noch 15 %. Dies sind Selbständige und „Mithelfende Familienangehörige".

Da staunt der deutsche DGB, weltgrößte Gewerkschaft: Nahezu 90 % der finnischen Arbeitnehmer sind gewerkschaftlich organisiert. Größte Gewerkschaft ist

die *SAK*, die Zentralorganisation finnischer Gewerk-
schaftler, dem Deutschen Gewerkschaftsbund vergleichbar. Allein die *SAK* hat über 1 Million Mitglieder,
bei 2,56 Millionen finnischen Erwerbstätigen eine große
Zahl. Die *SAK* besteht aus 28 Einzelgewerkschaften
und der Dachorganisation der staatlichen Angestellten
und Arbeiter. Zusätzlich müssen zwei selbständige
Gewerkschaften genannt werden: *AKAVA*, der Zentralverband der Akademikergewerkschaften und die
STTK, der Zentralverband der Gewerkschaften finnischer Angestellter. Schließlich gibt es noch weitere 34
kleine private Gewerkschaftsorganisationen.

Die Macht der Gewerkschaften in Finnland ist sehr
groß. Aber auch die internen Machtkämpfe werden
erbittert geführt. Der Hauptkampf um Führungsposi-
tionen wird zwischen der gemäßigten Linken und den
Kommunisten ausgefochten. Streiks sind ein wichtiges
Instrument der finnischen Gewerkschaften, um ihre
Ziele zu erreichen. Der wochenlange unerbittliche
Streik in den Banken wurde bereits erwähnt; ein
Gewerkschaftsaufruf *„Streik bis zum Zusammenbruch"*
klingt nicht ungewohnt in finnischen Gewerk-
schaftsohren.

Den Gewerkschaften stehen zwei Arbeitgeberverbände gegenüber: *TT* = Zentralverband der finnischen
Arbeitgeberverbände und der *LTK*, der Zentralverband
der Arbeitgeber des Handels.

Gemessen an der Kaufkraft liegen Löhne und Gehäl-
ter in Finnland etwa auf dem gleichen Niveau wie in
Deutschland. Die Turbulenzen bei Rezession und
Arbeitslosigkeit zwingen die Bürger zu vorsichtigem
Umgang mit Geld. Ein neuer Volkssport ist nach Aero-
bic und Jogging in Mode gekommen: *Tarjous.* Die Jagd
nach Sonderangeboten. Von Reisen über Lebensmittel,
vom Auto bis zum Kleiderschrank. Finnlands größte
Tageszeitung *Helsingin Sanomat* liegt im Trend, ist doch
die Titelseite schon immer für die Werbung und *Tarjous*
reserviert gewesen.

Da war das Stichwort Reisen. Es ist bekannt, daß
Finnland eine Urlaubs-Spitzenposition inne hat. Einen
gerechten Ausgleich gibt es jedoch: die tarifliche

Wochenarbeitszeit mit 40 Stunden ist in Finnland länger als in Deutschland mit 36,5 Stunden.

37,5 Arbeitstage stehen den finnischen Erwerbstätigen jährlich als Urlaub zu. Davon ist eine Woche Winterurlaub Pflicht und wer weitere Urlaubstage im Winter nimmt, kann erheblich mehr freie Tage im Jahr verplanen, da die zusätzlichen Winter-Urlaubstage doppelt zählen. So verbringen die Finnen kalte Wintertage an sonnigen Stränden und haben trotzdem noch genügend Zeit für das Wichtigste überhaupt: *Mökki*, das Sommerhaus. Nicht enden wollen die Karawanen auf Finnlands Straßen aus den Städten heraus in Richtung See und Wald oder Meer und Insel vor Ferien und Feiertagen. So muß der Auszug der Kinder Israels aus Ägypten ausgeschaut haben.

Ein Blick in die finnische Wirtschaft

Mit Durchschnitt, mit dem „Normalen", damit gibt sich der Finne nicht ab. Und die Manager der Wirtschaft erst recht nicht. Wenn die Wirtschaft in Finnland Anfang der 90er Jahre nahezu im freien Fall in den Abgrund zu stürzen drohte, so erhebt sich nun das Land „wie Phönix aus der Asche" und Finnland erlebt zum Ende der 90er Jahre eine triumphale Expansion. Die Exportwirtschaft schlägt alle Rekorde und in Brüssel spricht nun niemand mehr vom „kleinen Finnland".

Einige Beispiele, ein paar Zahlen und Vergleiche sollen einen Eindruck der Wirtschaftssituation und über bedeutende Wirtschaftszweige Finnlands vermitteln.

Denkt man an Finnland, dann denkt man an Wald und Wasser. Wald bedeutet für das Land „Reichtum durch die Natur". Wald bedeutet auch Holz, und Holz ist ein sogenannter nachwachsender Rohstoff. Wohlstand und Wohlergehen der Finnen beruhen zu einem wesentlichen Teil darauf. Daher rührt der behutsame Umgang mit dem Wald. Seit 1886, also seit über 100 Jahren, ist es gesetzlich verankert, daß die Zerstörung des Waldes verboten ist. Waldbesitzer sind bereits seit dieser Zeit verpflichtet, nach dem Einschlag oder Abholzen neuen Waldwuchs zu gewährleisten.

Demzufolge hätte es in Finnland nie zu radikalen Kahlschlägen kommen dürfen. Gesetze und Praxis gehen leider auch hier nicht immer Hand in Hand. Besonders, wenn es sich um Staatswald handelt. An den negativen Erfahrungen vergangener Jahrzehnte, in denen auf staatlichem Boden große, fast verheerende Kahlschläge vorgenommen wurden, hat man bittere Lehren für die Praxis in der Zukunft gezogen.

Heute ist ein Schwund der Wälder durch Abholzen für Finnland kein Problem mehr. Ganz im Gegenteil. Der Zuwachs an Wald hat nämlich schneller zugenommen als erwartet, dank intensiver und systematischer forstwirtschaftlicher Maßnahmen. Seit Beginn der 50er Jahre hat das Volumen des Waldbestandes um über 40 %, und das jährliche Wachstum um 55 % zugenommen. Und dies, obwohl ein Baum erst im Alter von 80 – 100 Jahren „erwachsen", ausgewachsen ist.

Das kleine Finnland bringt mit seinem EU-Beitritt die Brüsseler Statistiken gehörig durcheinander. Dank Finnland ist die EU-Waldfläche um 38 % angewachsen, die Nadelschnittholzproduktion stieg um ein Fünftel, die Papierproduktion um über 20 % und schließlich die Produktion von Faserstoffen um ganze 75 %. Und somit sind wir bereits mitten im Thema Holzindustrie.

Bei der Holzveredelungsindustrie gliedert man den Rohstoff Holz in Kiefer = 45 %, Tanne / Fichte = 37 %, Laubwald, in erster Linie Birke = 18 %. Finnland exportiert so gut wie kein Rohholz, nahezu ausschließlich nur Holz in veredelter Form, halbfertige bzw. Fertigprodukte. Finnland muß inzwischen sogar Rohholz importieren, da die Kapazitäten der holzverarbeitenden Industrie sehr schnell zugenommen haben.

Die finnische Regierung ist derzeit sehr darum bemüht, die gesamte Forstgesetzgebung in Bezug auf Umweltschutz zu reformieren. Ziel ist es, die Vielfalt der Natur noch nachhaltiger zu sichern und auf den Exportmärkten den Partnern die Garantie geben zu können, daß sämtliche finnische Holzprodukte aus umweltfreundlich gewonnenem Rohstoff Holz produziert wurden. Seit den 80er Jahren sind die Schadstoffemissionen der Holzindustrie derart deutlich zurückgegangen, daß die neuen Herausforderungen an die Holzindustrie nicht mehr die Produktion berühren, sondern den Rohstoff selber.

Die Technologie bei der Papierrückgewinnung wird ständig vorangetrieben und verfeinert, so daß in den letzten Jahren pro Einwohner 90 Kilogramm Papier recycelt werden konnte. Trotz dieser hohen Recyclingquote steht der finnischen Papierindustrie nicht genügend Rohstoff zur Verfügung. Importe von Rohholz und Altpapier aus Mitteleuropa sind die Folge. Über diese Entwicklung sind die verantwortlichen finnischen

Fachleute wenig erfreut. Nach Meinung des Umwelt-
direktors vom Metsäteollisuus-Konzern sollte Papier
aus Altpapier dort produziert werden, wo es anfällt. Er
vertritt die Auffassung, Finnland verfüge über Wald in
Hülle und Fülle, so daß es sich nahezu ausschließlich
der Produktion von Frischfasern zuwenden könnte.

Nach dem Beitritt zur EU strebt Finnland als forst-
wirtschaftliches Land nach einer europäischen „Arbeits-
teilung": Finnland mit seinen Rohstoffressourcen und
seinem Know-How würde – zusammen mit Schweden
– einen wesentlichen Teil der Frischfasern für die
europäische Industrie produzieren. Das hieße also, daß
in Mitteleuropa demnach Altpapier, in Nordeuropa
Frischfasern verarbeitet würden.

Der Reichtum an Wald und hervorragende Holz-
qualitäten bilden die Grundlage einer hochentwickelten
holzverarbeitenden Industrie sowie der Papierproduktion, die zu den wichtigsten Exportartikeln des Landes
zählen. Rund 80 % der Produktion geht in den Export;
der Anteil am finnischen Gesamtexport beträgt 36 %
(1993). Finnland ist nach Kanada somit zweitgrößter
Exporteur von Papier und Kartonagen.

Die Wirtschaftskrise Anfang der 90er Jahre, nach
dem Zusammenbruch der UdSSR, und der Umbruch-
prozeß in Westeuropa haben auch die finnische Forstwirtschaft nicht verschont. Der finnische Sturz war
enorm. In den drei Krisenjahren hat sich die Gesamt-
industrieproduktion um etwa 15 % verringert. Finnland
ist davon überzeugt, daß nach dem „einzigartigen" Fall
ein ebenso „einzigartiger" wirtschaftlicher Aufschwung
folgt. Die Anzeichen sind vorhanden, fiel doch bereits
die Arbeitslosenquote von 20 % im Jahre 1993 auf
16,3 % Anfang 1996. Und das Flaggschiff der finnischen
Wirtschaft, der Export, boomt mit Volldampf.

Die Verzögerung für das Einsetzen der Erholung auf
dem Binnenmarkt liegt an der hohen Verschuldung,
sowohl bei Unternehmern als auch in den privaten
Haushalten. Diese tiefe Schuldenkrise betrifft ganz
besonders auch die Holzindustrie. Die Schuldenlast hat
den Investitionsgrad erheblich verringert. Dank des
steigenden Exportes können nun wieder neue Investi-

tionspläne geschmiedet werden. Gerade in der Holzindustrie haben als Folge des erfreulichen Export-
wachstums der letzten Zeit die Kapazitäten in den zentralen Produktionssektoren ihre technische Grenze
erreicht. Nun beginnen die Kapazitäten das Export-
wachstum zu bremsen. Insgesamt ist jedoch festzustellen: Die Krise ist überwunden, das Ende der Schuldenkrise ist abzusehen.

Um den erwähnten Tatbestand von Produktionseng-
pässen entgegenzusteuern, ist für 1996 eine Großfusion
in der finnischen Papierindustrie geplant. Durch die
Zusammenlegung der zwei finnischen „Papierriesen"
Kymmene und *Repola* zu *UPM-Kymmene Oy* entsteht
voraussichtlich der größte Papierproduzent Europas
mit 45.000 Beschäftigten. Mit dieser Fusion wären die
Gefahr eines unkontrollierten Ausbaues von Kapazitäten und gleichzeitig ein preisdrückender Konkur-
renzkampf vom Tisch.

Ein weiteres Wort zum finnischen Holz: Die Verwen-
dung von Holz als Brennmaterial ist in Finnland sehr
rückläufig. Trotzdem stammt etwa 60 % der benötigten
Energie der Papier- und Zelluloseindustrie von holz-
artigen Brennstoffen, aus Holzabfällen und Rinde sowie
aus Schwarzlauge. Aber als Baumaterial ist Holz in
Finnland natürlich gang und gäbe. Durchschnittlich
80 % der Häuser in ländlichen Gegenden sind aus Holz.
Sauna und *Mökki* müssen aus Holz sein. Das ist doch
selbstverständlich; und geheizt werden sie am liebsten
ebenfalls mit Holz. Vor wenigen Jahren wurde in
Helsinki ein mehrstöckiges Wohnhaus ganz aus Holz
errichtet. In Finnland zeigt sich ein starker Trend
zurück zur Holzbauweise, ähnlich wie in Süddeutsch-
land und dem Alpenraum. Die Finnen verfügen über
eine jahrhundertealte Holzbautradition und über die
technischen Voraussssetzungen für industrielle Vorferti-
gung bestimmter Bauelemente.

In Finnland, dem flächenmäßig fünftgrößten Land
Europas, ist nur 8 % der Bodenfläche landwirtschaftlich
nutzbar, bedingt in erster Linie durch die besonderen
klimatischen Verhältnisse. Der Wald, der sich zu einem
großen Teil in privater Hand befindet, ist für die land-

wirtschaftlichen Betriebe ein bedeutender Wirtschaftsfaktor. Hinzu kommt der Faktor Viehzucht, der 70 %
des landwirtschaftlichen Einkommens ausmacht.
Bemerkenswert ist in diesem Zusammenhang, daß
Finnland, trotz der extremen geographischen Lage und
der damit verbundenen Probleme, die gemeinsame
Agrarpolitik der EU ohne Übergangsfristen übernahm.

Die „arktische Landwirtschaft" läßt keine bedeutenden Produktionen zu. Trotzdem rechnet Finnland
mit Exporten in die EU von Fleisch, Eiern und Molkerei-
produkten. Rohpelze jedoch ist ein Artikel, der in
größerem Umfang in den Export gelangt. Als Beispiel
seien die riesigen Nerzfarmen an der finnischen Westküste erwähnt.

Nun müßte angenommen werden, daß Finnland
eine Nation der Fischerei wäre. Obwohl Fisch die
finnischen Speisepläne beherrscht, ein bedeutender
Wirtschaftsfaktor ist Fisch nicht, und trotz der 188.000
Binnenseen spielt der Süßwasserfisch überhaupt keine
Rolle. Wohlgemerkt in der Volkswirtschaft. Für den
Finnen ist Fischen eine der wichtigsten Freizeitbeschäf-
tigungen. Stichworte: Hecht und Lachs. Nur 4,3 % der
kommerziellen Fischfangquoten Finnlands besteht aus
Süßwasserfisch. Der 'Rest' von 97,5 % ist Seefisch aus
der Ostsee. – Dann darf die Jagd nicht vergessen werden.
Die 240.000 Rentiere in Lappland stehen den passio-
nierten Jägern allerdings nicht zur Verfügung, obwohl
sich schon „Jäger-Touristen" an der leichten Jagdbeute
vergriffen haben. Das Ren ist das Haustier der Samen
und für sie eine wichtige Einnahmequelle. – Das größte
„Jagdtier" der Finnen ist der Elch.

Lappland und große Kälte sind für viele ein Synonym
für arktische Verhältnisse. Der Kälterekord von -50 °C,
im Jahre 1985 gemessen, stammt aus Kainuu in Nordfinnland, im Grenzland bei Kuusamo. Kältebeständig-
keit ist für Treibstoffe wie Benzin und Diesel in
Finnland kein Problem: Die finnische Großfirma *Neste*
ist auf diesem Gebiet Weltmeister. Auf dem Sektor
„Arktischer Techniken" zählt Finnland zur Weltspitze.
Das hat mit Überlebenskunst, mit Know-How und einfach auch wohl mit *sisu* zu tun.

Finnland betreibt ganzjährig regelmäßigen Schiffsverkehr. Das ist im Prinzip nichts Außergewöhnliches. Das besondere dabei ist, daß Finnland als einzige Küstennation der Erde hierfür keinen eisfreien Seehafen besitzt. Dafür aber Eisbrecher. Finnland ist der weltgrößte Hersteller von Eisbrechern und verfügt über die stärkste Eisbrecherflotte. Jeder zweite Eisbrecher, der das Packeis dieser Erde durchpflügt, ist in Finnland vom Stapel gelaufen. Ähnlich überraschend ist auch, daß Finnland, obwohl nicht im Besitz von Ölvorkommen, bedeutender Hersteller von Bohrinseln ist. Spezialität: Bohrinseln für arktische Gewässer.

Neben Holzprodukten gehören Metall- und Maschinenbau zu Finnlands wichtigsten Exportartikeln. Die Werftindustrie zeichnet sich durch extreme Vielfalt aus. Neben Eisbrechern und Bohrinseln müssen Luxus-Kreuzfahrtschiffe, Yachten und eine Vielzahl von Spezialschiffen genannt werden. Aufhorchen ließen in jüngster Vergangenheit U-Boote. Natürlich für Forschungszwecke; letzter Schrei sind jedoch Touristik-U-Boote. Wer von Rentieren, Bären und Wölfen in Lappland genug hat, der geht ins Wasser und unternimmt eine Tauchfahrt im Inari-See.

Neben den maritimen Werftproduktionen sei hier die finnische Maschinenindustrie genannt, die sich mit der Holzwirtschaft befaßt. Die Palette reicht von Holzerntemaschinen über Anlagen zur Papierherstellung bis zu Zeitungs-Druckmaschinen und Buchproduktionsanlagen. Hinzu kommt der gesamte Bereich der dazugehörigen verfahrenstechnischen Anlagen und Systeme. Und wie könnte es anders sein bei echten Finnen: Auch auf diesen Gebieten sind sie in Technik und Entwicklung dem Rest der Welt wieder einmal eine Nasenlänge voraus.

Der Anteil der Metallindustrie und des Maschinenbaues, des metallenen Standbeins der finnischen Wirtschaft, liegt im Export bei rund 40 %. Das entspricht den Prozentzahlen der Holz- und Holzverarbeitenden Industrie.

Den dritten Platz in der finnischen Exportstatistik behauptet die High-Tech-Produktion. Ihr Anteil liegt, man muß fast sagen, „zur Sekunde", bei 20 %. Ihr Anteil steigt sehr schnell. In den Jahren 1991 / 92 konnte sie sogar die höchsten Exportzuwächse der OECD aufweisen. Die wichtigste Produktgruppe hier ist die Telekommunikationstechnik. Dazu EDV-Technik, Elektromaschinen, Chemikalien- und Instrumententechnik, bevorzugt im Bereich der Pharmazie. Die finnische Gesamtindustrie profitiert von der landeseigenen Spitzentechnologie enorm und vermeidet so teure Importe.

Im Bereich Telekommunikationstechnik leistete Finnland Pionierarbeit. Bereits 1971 brachten *Nokia* und *Salora* das erste Funktelefon auf den Markt. Heute besitzt Finnland ein das gesamte Land umspannendes Mobiltelefonnetz und eine der höchsten Mobiltelefondichten der Welt. 1993 waren rund eine halbe Million Mobiltelefone angemeldet. Jeder zehnte Finne läuft also mit seinem Handy herum.

Auch Deutschland steht vor der „Eroberung". Nach finnischen Fernsehgeräten und EDV-Anlagen hält *Nokia* einen wahren Siegeszug mit seinen mobilen Telefonen ab. Der *Nokia-Konzern* wurde nach der deutschen Wiedervereinigung von der Bundespost um dringende „Erste Hilfe" ersucht. Das marode Telefonnetz in den neuen Bundesländern wurde von den Finnen durch ihr „Cellular-Phone-Netz" ersetzt, ein System, mit dem ohne langwierige Kabelverlegung telefoniert und gearbeitet werden konnte. Ohne Telefon keine Wirtschaft, kein Geschäft. So waren die Finnen erheblich am „Aufschwung Ost" beteiligt. Es erübrigt sich zu sagen: Deutschland ist für *Nokia* das wichtigste Partnerland.

Spitzentechnologien machen knapp 10 % der gesamten Industrieproduktion Finnlands aus. Das kräftige Wachstum im spitzentechnologischen Bereich hat seine Wurzeln in den hohen Investitionen zur Entwicklung von Know-How. Die finnische Industrie hat bereits seit Jahren ein bemerkenswert hohes Niveau in den Bereichen Forschung und Entwicklung. Mit ein Grund ist die qualitativ sehr hohe Schul- und Hochschulbildung der Mitarbeiter. Im Umfeld der

Hochschulen existiert ein umfassendes Netz an Technologiezentren, deren Hauptaufgabe darin besteht, die Ergebnisse der wissenschaftlichen Forschung in verwendbare und marktgerechte Produkte umzuwandeln.

Finnland als Investitionsobjekt, als Ziel für Direktinvestitionen, ist für viele Länder noch ein unbeschriebenes Blatt. Der Löwenanteil der Netto-Direktinvestitionen kam 1993 aus den traditionell wichtigsten Handelspartnerländern Finnlands, aus den USA, Großbritannien, Schweden und Deutschland. Finnland bietet sich förmlich an. Der Export boomt seit 1994. In Werten gesprochen: der wertmäßige Anstieg gegenüber 1993 lag bei 15%, nach Volumen bei 13%. Die Wettbewerbsfähigkeit stimmte und die Nachfrage war gut, also konnte ein Großteil der Exportfirmen ihre Kapazitäten voll ausfahren. Hier die Ausfuhren und Zuwächse der Branchen, tabellarisch aufgeführt:

Holzindustrie	=	9,2%	+30%
Papier + Grafische Industrie	=	26,8%	+10%
Metallische Grundstoffindustrie	=	8,3%	+ 8%
Metallwaren und Maschinenbau	=	36,2%	+16%
Chemische Industrie	=	10,2%	+10%
Textil-, Bekleidungs-, Lederwarenindustrie	=	2,2%	+13%
übrige Branchen	=	7,1%	+27%

Zu den wichtigsten Importwaren gehören Maschinen, elektrische Geräte, Autos, chemische Erzeugnisse, Erdöl, div. Rohstoffe, Eisen und Stahl und natürlich Unmengen Kaffee.

Die Beteiligung am finnischen Außenhandel verteilt sich auf folgende Länder und Ländergruppen:

	Export	Import
EU – Europäische Union	47%	44%
EFTA	17%	18%
Nordamerika	8%	8%
Rußland	5%	9%
Japan	2%	6%

Der wichtigste handelspartner Finnlands ist sowohl beim Export (Anteil 13 %) als auch beim Import (Anteil 15 %) traditionsgemäß Deutschland.

Die Finnen scheinen wieder Vertrauen in die Zukunft geschöpft zu haben. *Lamakausi*, die große Depression, ist endgültig vergessen. Der Beweis liegt in den Zuwachsraten des Importes. Roh- und Produktionsstoffe behielten ihre Spitzenposition mit einem Anteil von 60 % im Jahr 1994, gefolgt von Konsumgütern mit 20 % und Investitionsgütern mit 14 %. In der Handelsbilanz konnte 1994 ein neuer Rekordüberschuß erzielt werden. Zur Leistungsbilanz sei folgendes bemerkt: Durch die Verbilligung der Importe, verursacht durch die Erstarkung der Finnmark, und den leichten Anstieg der Exportpreise besserten sich die *Terms of Trade*, nach dem Einheits- und Stückwertindex gerechnet, im Jahresdurchschnitt um knappe 5 %. Ein wenig Statistik mehr: 1994 stieg das Bruttosozialprodukt um 6 % gegenüber 1993 und das BSP per capita betrug 1994 19.231 Dollar.

Finnland besteht aus einer Dienstleistungsgesellschaft auf industrieller Basis, denn bereits 2/3 des finnischen Bruttosozialproduktes und der Arbeitsplätze entfallen auf private und öffentliche Dienstleistungen. Der Anteil der Industrie im Bruttosozialprodukt beträgt rund ein Drittel, von den Exporteinnahmen aber erwirtschaftet die Industrie 85 %. Von Klein- und Mittelbetrieben werden etwa 60 % erbracht. Zu diesen Unternehmen mit weniger als 500 Mitarbeitern zählen fast 99 % der finnischen Firmen und in ihnen arbeiten etwa 64 % aller erwerbstätigen Finnen.

Wichtige Faktoren für die finnische Wirtschaft sind – neben hochmodernen Kommunikationsstrukturen – funktionierende und funktionale Verkehrsanbindungen im ganzen Land, ob auf dem Lande, dem Wasser oder in der Luft. Das Straßennetz umfaßte 1994 knappe 78.000 km, davon 62 % mit festem Belag. Das sind die Autobahnen und die meisten Überlandstraßen. Die Landstraßen sind sehr häufig Ölschotterstraßen. Busse sind nicht nur für den öffentlichen Nahverkehr, sondern auch für den Fernverkehr von größter Bedeutung. Die Eisenbahn, die in Finnland aus historischen Gründen die russische, breitere Spurbreite hat, hatte 1994 ein Gesamtnetz von etwa 6.000 km. Der Wasserweg für Gütertransporte bietet sich selbstverständlich bei Finnlands Seenreichtum förmlich an. Seensysteme und Flüsse sind durch Kanäle verkettet, so daß sogar aus dem tiefsten Binnenland für den Warenverkehr direkte Wasserverbindungen bis zum Meer und nahezu zu jeder größeren Stadt existieren. Schließlich bietet der Luftverkehr mit 25 Flughäfen schnelle Verbindungen zwischen allen, auch entlegensten Teilen des Landes. In anderthalb Stunden ist man von Helsinki aus in Ivalo in Lappland, 400 km über dem Polarkreis, dort wo der Gast Rentier und Bär „Gute Nacht" sagen kann.

Feste, Feiern, Traditionen

Finnland ist im Grunde genommen ein evangelisch-lutherisches Land. Agricola, der finnische Reformator und Bibelübersetzer schaffte die Reformation ohne Haß und Krieg, ohne Spaltung und Bildersturm. Dem Besucher alter Kirchen sei empfohlen, einmal auf das sakrale Interieur zu achten. Gotische Madonnen, Heilige, Evangelisten zieren in großer Zahl die Gotteshäuser; überraschend die zahlreichen alten Feldstein- und Backsteinkirchen, deren mittelalterliche Bemalungen unversehrt geblieben sind.

Den lutherischen Finnen blieben nicht nur die Kirchen ungeplündert erhalten, auch ihre traditionellen kirchlichen Feste. *Loppiainen*, der Dreikönigstag und *Pyhäinpäivä*, Allerheiligen sind offizielle evangelische Feiertage. Der Namenstag ist natürlich wichtiger als der Geburtstag, oder zumindest genau so wichtig.

Folgen wir den finnischen Festen mit ihren Traditionen und dem Brauchtum im Rhythmus der Jahreszeiten. Die finnische Nationalflagge wird gehißt: Der 5. Februar ist „Runebergtag". Das Land ist beflaggt. Johan Ludwig Runeberg gilt als der Nationaldichter Suomis, er schrieb auch die Nationalhymne. Zur Feier des Tages werden Runeberg-Törtchen serviert, eine Spezialität der Dichter-Gemahlin.

Ein Wort zur finnischen Nationalflagge. Nicht nur öffentliche Gebäude werden beflaggt. Jeder Finne, sagen wir besser, viele Finnen hissen an staatlichen Feier- und Gedenktagen die blau-weiße Fahne am Haus oder im Garten. Hierbei wird streng darauf geachtet, daß die Flagge nicht vor 8 Uhr morgens gehißt und zum Sonnenuntergang, spätestens aber um 21 Uhr wieder eingeholt wird. Ausnahmen bestätigen die Regel: Am Unabhängigkeitstag am 6.12. darf bis 20 Uhr beflaggt sein, zu Mittsommer/Johannis darf

bereits vom Vorabend, *juhannusaatto*, bis zum Johannis-
tag 21 Uhr Flagge gezeigt werden.

Jede Nation hißt ihre Nationalflagge zu den bedeu-
tendsten Anlässen ihres Staates. Die Finnen zeigen
Flagge für Dichter, Philosophen, Theologen, für ihr
Nationalepos – und für ihre Frauen:

5.2.: Runeberg-Tag (Dichter der Nationalhymne) –
28.2.: Kalevala-Tag (Nationalepos) – 9.4.: Mikael Agri-
cola-Tag (finnischer Reformator) – 2. Sonntag im Mai:
Muttertag – 12.5.: Snellman-Tag (Staatsmann und Philosoph) – 10.10.: Aleksis-Kivi-Tag (Dichter der „Sieben
Brüder"). Auch die Finnland-Schweden haben ihren
Flaggentag: 6.11.: Svenska dagen (schwedischer Tag).

Laskiainen! Finnland feiert Fasching und hat seinen
'Tollen Tag', den Faschingsdienstag. Rodeln ist angesagt und alles, was annähernd nach Hügel aussieht,
wird zur Rennstrecke. Mit Gummireifen, Pappkartons
und anderen Faschings-Sportgeräten werden Gaudi-
rennen veranstaltet. Durchfroren holt man mit einer
heißen finnische Erbsensuppe die Wärme zurück.
Praktisch: Zu *Laskiainen*, so ist es Brauch, ist die letzte
Scheibe Weihnachtsschinken verzehrt und mit dem
Knochen wird die berühmte Suppe hergestellt.

„Kalevala-Tag" wird am 28. Februar begangen. An
diesem Tag im Jahre 1835 unterschrieb Elias Lönnrot
das Vorwort zum finnischen Nationalepos, das in
voller Länge „Kalevala oder Alte Karelische Runen von
den einstigen Zeiten des finnischen Volkes" heißt. Dieser
Tag gilt dem Lebenswerk Lönnrots und der finnischen
Kultur. Natürlich wird der Tag mit traditionellen karelischen Spezialitäten begangen, die in großer Zahl überliefert sind.

Pääsiäinen ist der finnische Name für Ostern. Das
heißt 'Befreiung'. Befreiung von der fleischlosen
Fastenzeit, Befreiung Christi aus dem dunklen Grab,
Befreiung von der Kälte. In dieser Zeit wird deutlich,
daß ein Teil Finnlands, ein winziger zwar, zur griechisch-orthodoxen Kirche zählt. Die „Große Woche",
die Karwoche, wird in Karelien prunkvoll und eindrucksvoll gefeiert und ganz Finnland nimmt am Fern-
sehbildschirm daran teil.

88

Wie in allen anderen christlichen Ländern auch, so ist Ostern für Finnland ebenfalls ein religiöses, aber auch ein Fest der Familie. *Mämmi* muß gegessen werden, eine furchterregend aussehende Speise aus Roggenmehl und Malz, möglichst traditionell in Schalen aus Birkenrinde serviert. Lammbraten und Eierspeisen zuvor ist finnischer Osterbrauch. Apropos *Mämmi*: Schmeckt erheblich besser als sein Aussehen verspricht. Gott sei Dank.

Die finnische Ostertradition lebte und lebt teilweise heute noch in ihren *Trullis*. In der Fastenzeit, so sagen die Legenden, trieben die *Trullis*, die Hexen, ihr Unwesen. In großen Osterfeuern wurden Hexenpuppen verbrannt. Erhalten haben sich bis vor einigen Jahren die Ostergrußkarten mit Hexen, die auf dem Besen durch die Lüfte entschweben, gemeinsam mit Katze und kupfernen Kaffeekessel.

Offenbar waren die alten Finnen sehr skeptisch oder vorsichtig, was die Vertreibung der Hexen anlangt. Was den Deutschen ihre Walpurgisnacht auf dem Brocken im Harz in der Nacht zum 1. Mai, ist den Finnen *vappuaatto*, das „wilde Hexenfest" in Finnland am 30. April, das nahtlos übergeht in das bunte, turbulente *Vappufest* am 1. Mai.

Der Tag der Arbeit wird begangen wie überall mit Aufmärschen und politischen Reden. Aber das ist nur die eine Seite. Der 1. Mai, *vappu*, wird gefeiert mit bunten Luftballons, farbigen Papierquasten, Luftschlangen, Musik und Tingeltangel. Und jedermann, dem jemals die weiße Abiturientenmütze verliehen wurde, auch wenn er längst in Würde ergraut und die Mütze vergilbt ist, trägt sie mit Stolz auf der Promenade. Zu *Vappu* gehörten *Sima*, ein alkoholfreies Getränk und *Tippaleipä*, ein spezieller Spritzkuchen.

Man merkt, die Finnen werden ungeduldig nach dem langen, dunklen Winter und dem ewignassen Frühjahr. Sie sehnen sich nach Farbe, Licht und Wärme. Darum ist der 1. Mai farbenprächtig und fröhlich.

Ende Mai werden die Schulabgänger, die Abiturienten verabschiedet und mit einer großen Feier „dem Leben überantwortet". In den Schulen werden die Abschluß-

zeugnisse und die berühmten weißen Studenten-
mützen mit der goldenen Lyra verliehen und ein
riesengroßer Strauß roter Rosen von der Familie
überreicht. Natürlich auch den männlichen Abiturienten. Es folgt ein feierlicher Gang zum Ehrenfried-
hof der Gemeinde, die Hymne wird gesungen und
Rosen niedergelegt. Das obligate Foto mit weißer
Mütze und Rosenstrauß wird an die Angehörigen und
Freunde verschickt und schmückt fortan die finnischen
Vitrinen. Noch etwas: Die goldene Lyra, zwar als
Brosche, trägt auch die Mutter des Abiturienten. Die
Anzahl verrät, wievielen Kindern sie durchs Abitur
„verhalf". Die Großmütter gehen natürlich ebenfalls
nicht leer aus. Auch sie erhalten pro Abiturenkel eine
kleine Lyra.

Überhaupt, so sagt man, seien die Finnen außerordentlich titelsüchtig. Aus dem Abiturienten wird ja
vielleicht ein Akademiker mit schönem Titel; also
schmückt er sich bereits jetzt mit der Lyra, dem Zeichen
des Abiturs.

Juhannus, Mittsommer, ist für die Finnen ein Fest,
das an Bedeutung dem Weihnachtsfest nicht nachsteht.
Der längste Tag des Jahres wird gefeiert: die Sonne, die
Wärme, das Licht, und zwar an dem Samstag zwischen
dem 21. und 26. Juni. Der traditionsbewußte Finne ver-
lebt diesen Tag an seinem *Mökki*, seinem Sommerhaus
am See. In ländlichen Gegenden werden wie in
Deutschland die Häuser mit Birken geschmückt, auf
den Ålandinseln sieht man geschmückte Bäume,
ähnlich den deutschen Maibäumen. Das sichtbarste
Zeichen sind die Johannisfeuer, *kokko*, die zur Dämmer-
zeit überall an exponierten Plätzen entflammt werden.
Das flackernde Johannisfeuer und seine lodernden
Spiegelungen im Wasser sind nicht nur für den
Fremden ein unvergleichbarer Anblick. Der Tanz am
Johannisfeuer, *juhannustanssit*, auf der Holzbühne in
der freien Landschaft: die Sonne geht nicht unter und
der Tanz hört nicht auf in dieser Nacht. Und nur in
dieser Nacht darf die weiß-blaue Nationalflagge am
Mast verbleiben. Tango. Finnischer Tango. Mit Süd-
amerika hat diese Musik nichts oder zumindest sehr

wenig gemein. Finnische Tangos sind schwermütig – und unbeschreiblich romantisch.

Feuerspringer wehren das Unglück ab. Vor Zeiten sammelten junge Mädchen Kräuter, badeten im Tau der Mittsommernacht und erblickten im Spiegel von Quellen das Antlitz ihres zukünftigen Bräutigams. Man kann davon ausgehen, daß junge Frauen hierfür heutzutage modernere Methoden entwickelt haben.

Feiern hat leider, und dies gilt insbesondere für Finnland, mit Alkohol zu tun. Dabei trinken die Finnen vergleichsweise wenig. 7,5 Liter reinen, 100prozentigen Alkohol pro Kopf und Jahr. Das ist knapp mehr als die Hälfte von dem, was ein Deutscher jährlich „verkostet". Untersuchungen, Studien, Forschung: *„Die Gene der Finnen sind diesbezüglich mit denen des Mitteleuropäers nicht vergleichbar..."* Die 'Forschungsergebnisse' seien einmal dahingestellt. Fest steht: Die Finnen haben keine Trinkkultur wie die Franzosen oder die Italiener. *Suomi* unterscheidet bei seinen Landsleuten offenbar nur nach Alkoholikern und Antialkoholikern.

Wirkungstrinken ist die präziseste Bezeichnung für Finnlands Trinkgepflogenheiten. Nahezu jede Familie hat einen extremen Alkoholkranken zu betreuen oder zu ertragen. Das stellen auch finnische Sprichwörter deutlich dar: *„Mies viinan juo, eukko humalan pitää."* (Der Mann trinkt den Schnaps, die Frau hat den Rausch zu ertragen.") Suizidgefährdete und Selbstmörder durch Alkohol sind tragischer finnischer Alltag; in der Literatur beschrieben, in Liedern besungen, von Politikern geduldet. Die Prohibition von 1919 wurde 1931 aufgehoben und *ALKO*-Läden geschaffen, das staatliche Alkoholmonopol. Ganze 8 % der Staatseinnahmen resultieren aus dem staatlichen *ALKO*-Geschäft. Sarkastisch wird festgestellt, daß der Staat das *ALKO*-Geld unbedingt benötigt: für die sozialen Notfälle, ausgelöst durch Alkohol.

Bei kirchlichen Festen wie Ostern oder Weihnachten dominiert der Alkohol natürlich nicht. Aber bei Festen wie *Vappu* am 1. Mai oder zu *Juhannus* Mitte Juni werden die wunderbaren Feste in vielen Fällen bösartig und grausam durch Alkohol zerstört. Helsinki zu

Vappu-Mitternacht. *„Was kann denn am Verhalten englischer Hooligans nach einem Fußballspiel so verwerflich sein,"* fragten englische TV-Reporter, *„wenn das hier in Finnland als Feiern bezeichnet wird?"*

Neurotisch auf der ganzen Linie ist Finnlands Verhältnis zum Alkohol. Im *ALKO*-Laden werden schnell die verräterischen *ALKO*-Tüten mit neutralen vertauscht, und kommt der Käufer aus dem *ALKO*-Laden, der geheimnisvoll und dunkel verhangen ist wie ein Beerdigungsinstitut, sind die Blicke ernst und schamvoll auf den Boden zu richten. Und was sehr schlimm und peinlich ist: Im Bus stehen und in der Tasche klimpern Flaschen. Jeder, wirklich jedermann, zuckt erschrocken zusammen, obwohl – auch – harmlose Babynahrung oder Milch derartige „verräterische" Geräusche von sich geben. Die *ALKO*-Gesetze hat man gelockert, das Verhalten im Volke ist geblieben.

Peinlich und unerträglich sind vielfach die Zustände auf den Fähren nach Schweden und neuerdings zu den baltischen Ländern. Die Reedereien machen gigantische Geschäfte mit den Menschen, die hemmungslos die gesamte Zeit der Überfahrt, in der sie noch zu stehen vermögen, Alkohol konsumieren. Nun hofft Finnland auf die EU und den Preissturz, der die traurigen Alkoholexzesse eindämmen soll. Der finnische Staat hat kapituliert und beschränkt sich darauf, während internationaler Konferenzen und Veranstaltungen im Lande die gestrauchelten und gestrandeten Mitbürger auf den Straßen einzusammeln und für einige Zeit fernab der internationalen Begegnungen unter Verschluß zu halten.

Kehren wir zu den typisch finnischen Feiern zurück. Finnland versteht wie kein anderes Land, oder wie alle anderen Völker auch, beschwingte, fröhliche, besinnliche, traditionsbewußte Feste zu feiern. Die Trachten der einzelnen Regionen werden gepflegt. Volksmusik und Volkstanz begegnet dem Reisenden in den Sommermonaten im ganzen Land. Volksbrauch, nicht für Touristen inszeniert; es kommen ja viel zu wenige ins Land der Mitternachtssonne. Über Sommerfeste und Festivals, vom Wettstreit auf schwankenden

Baumstämmen durch Stromschnellen zu gelangen bis-
hin zu den weltberühmten Musikfestivals, die Opernfestspiele in Savonlinna oder das Jazz-Festival in Pori,
das alles ist der finnische Sommer.

Aber bekanntlich geht der schönste Sommer einmal
vorüber. Pilze und Beeren sind gesammelt. Angeln,
Grillen, Sauna-Baden in der Strandsauna am *Mökki*, das
alles wird wieder zum Wunschtraum – bis zum nächsten Sommer.

Der Herbst bietet wenig Gelegenheit zu
feiern – außer im privatem Bereich vielleicht. In der
Weihnachtszeit wird all das nachgeholt. Dezember
heißt auch logisch in finnisch *joulukuu*, Weihnachts-
monat.

Pikkujouluaika, kleine Weihnachten, wird der Dezember
genannt. Er steht im Zeichen von Feiern mit Freunden,
Bekannten aus Vereinen oder mit Arbeitskollegen oder
Geschäftsfreunden. So kann man in Restaurants auf
fröhliche *Pikkujoulu*-Gesellschaften stoßen. Nur wundern
sollte man sich nicht, wenn Erwachsene vergnügt bei
Glögi, dem finnischen Rotweinpunsch mit Rosinen
sitzen und mit einer roten Zipfelmütze (*tonttuhattu*)
geschmückt die mitgebrachten kleinen Geschenk-
päckchen verteilen. Ohne *tonttu*, oder mindestens ohne
tonttu-hattu geht bei Weihnachtsfeiern nichts, der kleine
Wichtel, *tonttu*, ist ja schließlich das Kind und der
Begleiter vom Weihnachtsmann.

Der 6. Dezember unterbricht die Vorweihnachts-
feiern: Unabhängigkeitstag. Im Jahre 1917 erlangte das
finnische Volk nach jahrhundertelanger Bevormun-
dung und staatlicher Unterdrückung die Freiheit. Ohne
Krieg wohlgemerkt. Der Fremde im Land wird die
Atmosphäre, die Stimmung an diesem Tag und besonders am Abend nie vergessen. Die Fenster, ob im einsamen Landhaus oder in Hochhäusern der Städte, sind
mit zwei brennenden Kerzen geschmückt. Man spürt,
für die Finnen ist nationale Freiheit und Unabhängigkeit noch keine Selbstverständlichkeit. Mancher
deutsche Leser wird sich an die Kerzen in den Berliner
Fenstern der 50er Jahre erinnern, als dort der Friede in
Gefahr war.

Weihnachten, *Joulu*, ist das Fest der Familie. Bei den konsequenten Finnen ist demzufolge der Weihnachtsmann, *Joulupukki*, auch verheiratet und hat eine große Schar Kinder, die bereits erwähnten *Tonttu*. Sein ständiger Wohnsitz ist zwar der Berg *Korvatunturi*, die Familie jedoch ist stets erreichbar direkt am Polarkreis, wenige km nördlich von Rovaniemi. Dortselbst unterhält er für die Finnen und ihre angereisten Gäste das ganze Jahr über einen riesigen Supermarkt mit speziellem Weihnachts-Postamt, Rentierschlitten, Bärenschinken und tausenderlei lappländischen und finnischen Weihnachtsgeschenk-Ideen.

Adresse:
Familie Joulupukki
Napapiiri
FIN-96100 Rovaniemi
Finnland

Zurück zur finnischen Weihnachtstradition. Viele alte Bräuche sind erhalten und werden nicht nur auf dem Land gepflegt. Das Weihnachtsfest am Heiligen Abend, *Jouluaatto*, beginnt mit einem Gang in die Sauna und anschließend findet ein großes Festmahl statt. Der berühmte Weihnachtsschinken, der im Brotteig die ganze Nacht gebacken wurde, darf natürlich nicht fehlen. Wie überall: Geschenke vom Weihnachtsmann, Gedichte, Lieder, Herzklopfen und Tränen. In manchen Familien wird heute noch um den Weihnachtsbaum, der mit Holzspan- und Strohschmuck geschmückt ist, getanzt. Alle haben ihren *tonttuhattu* aufgesetzt, die rote Zipfelmütze, und singen gemeinsam die wirklich fröhlichen und vergnügten Weihnachtslieder.

Traditionsgemäß beginnt der 1. Weihnachtstag mit dem Kirchgang, *joulukirkko*. Vor Zeiten begann der Gottesdienst grundsätzlich morgens um 6 Uhr. Manche ältere Finnen erinnern sich an die nächtlichen Schlittenfahrten zur Kirche. Es wird später natürlich festlich gespeist.

Zur Familie gehören – gestern und auch heute – die Haustiere. Sie dürfen beim weihnachtlichen Familienfest nicht übergangen werden. Der 2. Weihnachtstag heißt *Tapaninpäivä*, Stephanstag, der Tag des Pferdes. Daher wurde der Tag früher mit Schlittenfahrten und Wettrennen begangen. Die Verbundenheit der Finnen mit ihren vierbeinigen Familienangehörigen zeigt sich am wunderbarsten in Aleksis Kivis berühmten Roman „Die Sieben Brüder". Juhani, in Weihnachtsstimmung, schlägt den Brüdern vor, dem Pferd einen Humpen Bier in die weihnachtliche Haferration zu geben:

„Keine Knauserei heute Abend. Alle sollen haben, der Hund, das Pferd, der Kater, ebenso wie die fröhlichen Jukola-Brüder."

Lukullisches Finnland

Symbiose aus Skandinavien und Karelien

Betrachtet man die typisch finnische Speisekarte, so stellt man fest, daß die Feinschmecker Suomis kräftig links und rechts in die Kochtöpfe der Nachbarn geschaut haben. Die typisch finnische Küche ist weder skandinavisch noch russisch-karelisch. Aber das Wohlschmeckendste von beiden Seiten haben die Finnen für sich okkupiert, verfeinert und mit finnischem Gaumen abgeschmeckt. Von einheitlich typisch finnischer Küche kann genau so wenig gesprochen werden, wie in Deutschland von *der* deutschen Küche. Jede Landschaft hat ihre Besonderheiten und darüber soll hier ein wenig geplaudert werden.

„... und führe uns nicht in Versuchung" wäre im Grunde genommen die richtige Übersetzung für das berühmte finnisch-skandinavische Büfett: *Voileipäpöytä,* der Stoßseufzer eines Finnen, bevor er dem verführerischen Büfett zu Leibe rückt. Diese Büfetts, aber auch jeder gedeckte Mittags- oder Abendtisch, sind ungemein gastfreundlich. In Deutschland heißt es: *„Was auf den Tisch kommt, wird gegessen."* Das kann man leicht sagen, gibt es doch zumeist ein einziges Gericht. In Finnland hat man die Qual der Wahl, ob bei einem Galadinner oder beim Mahl in der Familie. Jeder stellt aus der reichen Auswahl seine Speisen individuell zusammen. Warme Gerichte und kalte Beilagen, Brot und Kartoffeln, Fisch und Fleisch, Käse und Aufschnitt, dazu gesalzene Butter und viel viel Milch, *maito* oder *piimä,* Buttermilch. Die Finnen trinken sehr viel Milch, 300 Liter pro Person im Jahr, und immer schon war es möglich, in Restaurants Milch zu bestellen. Die Mitteleuropäer werden diesbezüglich langsam auch vernünf-

tig. Diese „Tafeln der Versuchung", die *voileipäpöytä* sehen natürlich in Lappland anders aus als in Karelien oder auf den Schäreninseln vor Turku; sie tragen landschaftliche, nationale und internationale Züge.

Ein Spaziergang über den Markt oder durch die Markthallen zeigt dem neugierigen Gast die lukullischen Spezialitäten der Landschaft am eindrucksvollsten. Fischer liegen mit ihren kleinen Booten an der Mole beim Markt am Hafen in Helsinki. Direkt vom Boot aus wechselt der Fang der Nacht den Besitzer. Bauern der Küste oder der Inseln verkaufen, ebenfalls vom Boot aus, frisches Gemüse, Zwiebeln, Gewürze, Kohl, Kartoffeln, und die herrlichsten Gartenblumen.

Pfund und Kilo haben übrigens hier auf Finnlands Märkten wenig Funktion. Man kauft in Litern: Ein Liter Eier und 10 Liter Kartoffeln. Gemessen mit wunderschönen Holz-Meßkistchen, *kappa*, für einen, zwei oder fünf Liter. In den Markthallen und an freien Ständen verlocken Geräuchertes, Schinken und Fisch. Im Land der 17.000 Schäreninseln, der 188.000 Seen und 1.200 km Ostseeküste liegt ein starker Akzent auf Fisch: Regenbogenforelle (*kirjolohi*), Renke (*siika*), Hecht (*hauki*), Strömling (*silakka*), Barsch (*ahven*), Kleine Maränen (*muikku*).

Lachs (*lohi*) zählt bei den Finnen, genau genommen, nicht zu Fisch. *„Wenn du Lachs hast, brauchst du keinen Fisch"*, besagt ein altes finnisches Sprichwort. Der edle Lachs, am liebsten aus heimischen Gewässern gefangen, am Tenojoki, dem 360 km langen Grenzfluß zu Norwegen oder an den Stromschnellen des Inari-Sees, ist die Krönung jeder finnischen Tafel. Geräuchert oder roh (Graved Lachs), Lachsaufläufe und Lachspasteten, Lachs in jedweder Form darf bei keiner finnischen Mahlzeit fehlen, besonders wenn Gäste erwartet werden.

Der finnische Markt bietet auch fertige oder vorgefertigte Speisen an. Pasteten mit Fleisch oder Fisch, Piroggen, gefüllt mit Ei oder Reis, mit Fisch oder Fleisch. Auf dem Markt von Kuopio, einem der romantischsten des Landes, kann man eine Spezialität aus Savo kosten: *Kalakukko*, Fisch mit Speck in Brotteig.

Fremdem und Ungewohntem begegnet der Gast bei seinen Streifzügen auf den Märkten. Dazu zählt *Mämmi*, eine zähflüssige Osterspeise aus Malz und Roggenmehl. Oder Leberaufläufe mit Rosinen in feuerfesten Schälchen. Beides ist in Finnland sehr beliebt. Auch Flaschen mit Ochsen- und Schweineblut werden zum Kauf angeboten. Daraus werden die pechschwarzen kleinen Pfannkuchen, *verilettu*, gebacken, Und dann noch die recht unansehnlich aussehenden, in der Sauna getrockneten, verschrumpelten Lammkeulen.

Rind und Schwein gehören zum einheimischen Speiseplan ebenso wie Elch und Ren. Rehe und Hirsche gibt es in Finnland zwar auch, sie sind aber sehr selten. *Hirvi*, denkt der Gast, heißt Hirsch. *Hirvi* ist der Name des Elches, dem riesigen Wildtier aus Finnlands Süden. Das Ren dagegen ist eher als Haustier zu bezeichnen, als Haustier mit sehr viel Auslauf zwar. Lieferant von traumhaftem Schinken zum Beispiel.

Bleiben wir noch kurze Zeit auf dem finnischen Markt. Nach Jahreszeiten verändert sich auch in Finnland das Angebot. Finnland ist eines der reichsten Pilzgebiete der Welt. So findet man auf dem Markt Pfifferlinge, Steinpilze, Maronen und viele andere, in Mitteleuropa unbekannte Arten, frisch oder als *Suolasieni*, gekocht, kleingehackt, gesalzen. Übrigens kennt der Finne im Grunde genommen keine giftigen Pilze. Er unterscheidet nur nach wohlschmeckend oder weniger schmackhaft. Pilze und Beeren sammeln ist eine der beliebtesten Sommerhaus-Beschäftigungen. Vom Sommer bis in den Herbst beherrschen Pilze und Beeren die Märkte in ganz Finnland.

Finnland liebt bei allen Speisen die Verbindung süß und sauer. Zu Fleischgerichten werden Preisel- oder Moosbeeren gereicht, Soßen mit Rübensaft zubereitet. Berühmtheiten unter den finnischen Beeren sind *Mesimarja*, die arktische Himbeere und *Lakka*, die Multbeere. Die Multbeere wächst in erster Linie in Lappland, am allerliebsten in den mückenverseuchten Sümpfen. *Mesimarja* ist ganz außergewöhnlich schmackhaft, aber auch selten. Viele Finnen sind jedoch der Ansicht, daß *Mesimarja* und *Lakka* als Nachspeise oder Marmelade einfach zu schade sind. Sie haben bedingt auch recht, denn die berühmten aromatisch herben Liköre sind eine wahre Delikatesse.

Wenden wir uns nun zur östlichen Seite. Die karelische Küche hat die finnischen Küchenzettel sehr stark beeinflußt, schon in früheren Zeiten. Der Einfluß verstärkte sich, denn schließlich wurden fast eine halbe Million Karelier nach dem 2. Weltkrieg im ganzen Land neu angesiedelt. Die Karelier konnten ihre Häuser und Höfe auf der Flucht nicht mitnehmen, ihre Rezepte und ihre traditionelle Küche dagegen schon. Und weil Karelier sehr temperamentvolle und gesellige Menschen sind, wurden so karelische Speisen bald in ganz Finnland bekannt und geschätzt.

Pilzgerichte sind eigentlich Bestandteil der östlichen Küche. Über die Karelier wurden die Finnen mit Pilzen vertraut. Gar nicht so lange ist es her, in den 50er Jahren, war in Westfinnland über Pilze noch zu hören: *„Bei uns essen die wurmstichigen Kappen nur Kühe und Volksschullehrer."* Die Volksschullehrer waren eben, Pilze betreffend, aufgeklärter und fortschrittlicher. Die restlichen Finnen schließlich bald auch. Und heute zählen die Finnen bereits zu den absoluten Pilzspezialisten, dank der karelischen Landsleute. Pasteten werden bereitet, Aufläufe und Suppen, Salate und Beilagen.

Borscht, Piroggen, Stroganoff sind vielversprechende karelische Begriffe, und natürlich *Karjalanpaisti*, „Karelisches Durcheinander", ein Fleischtopf mit Rind-, Hammel- und Schweinefleisch. Eine Speise, die die Karelier ebenfalls mitbrachten, aber etwas typisch Russisches ist, ist *pasha*, eine Osterspeise aus Quark und ein wahrhaftiger Kaloriensündenfall. Schmeckt dagegen als lukullische Entschädigung einfach fabelhaft.

Nun wird der Leser Geflügel vermissen. Heute wird in Finnland, wie in der internationalen Küche Huhn, Gans und Puter zubereitet und verzehrt. Zu Zeiten der Urahnen waren Wildvögel auf dem Speiseplan. Das häusliche Federvieh war früher fast ausschließlich zum Eierlegen da; und wenn das arme Tier die Eierproduktion aus Altersgründen einstellte, verstarb es eines mehr oder weniger natürlichen Todes.

Zum Abschluß nichts über West und Ost, sondern von typischen finnischen Speisegewohnheiten, die sich aus grauer Vorzeit bis in unsere heutige Zeit erhalten haben: über Eintöpfe und Aufläufe. Finnland war zu keiner Zeit ein Land, das in Überfluß lebte. Einfaches Leben und Essen war Tradition, bedingt durch das harte Klima, aber auch durch Hunger und Armut. Viele Gerichte, aus der Not geboren, haben sich erhalten. Verfeinert avancierten sie zu lukullischen Spezialitäten. Man denke bei Aufläufen z. B. an den köstlichen Lachsauflauf; Leberauflauf (*maksalaatikko*) erweckt bei Fremden jedoch gemischte Gefühle. Kohlauflauf mit faschiertem Fleisch, Heringsauflauf (*silakkalaatikko*) mit Kartoffeln, Fisch und Speck. Steckrübenauflauf ruft bei älteren Deutschen trübe Kriegserinnerungen wach, in Finnland ist dieser Auflauf eine beliebte Weihnachtsbeilage. Bei Suppen, besser Eintöpfen, muß zuerst die legendäre finnische Erbsensuppe genannt werden. Ohne sie wäre der Faschingsdienstag nur ein halbes Fest. Und dann Fischsuppen und Fischeintöpfe in tausend Variationen: Der traditionellen *Kalakeitto*, der Fischsuppe begegnet der Gast überall. Mit Milch gekocht, das ist nicht jedermanns Sache. Ebenso nicht die Sommersuppe *(Kesäkeitto)*: Kartoffeln und Sommergemüse – mit Milch. Probieren sollte man sie trotzdem, denn sie schmecken wirklich vortrefflich. Die Krabbensuppe, kein Eintopf, ist etwas für den Feinschmecker. Deftig und nahrhaft wiederum sind die russisch-karelische Borscht-Suppe und die finnische Rindfleischsuppe (*lihakeitto*).

Der Gast in Finnland wird natürlich überall, ob in privaten und gesellschaftlichen Kreisen oder öffentlichen Restaurants den finnischen Büfetts (*seisova pöytä,* auch *voileipäpöytä* genannt) begegnen. Auf mitteleuropäische Speisefolgen darf er verzichten. Er ist absoluter Herr über das, was und wieviel er verzehrt – und in welcher Reihenfolge. Probleme mit dem Lesen und Enträtseln einer Speisekarte erwarten ihn nicht, es sei denn, er möchte doch lieber „à la Carte" speisen.

Aber auch hier ist keine Gefahr in Verzug. Die Speisekarten sind nahezu überall mehrsprachig.

Baari liest der Reisende an einem Haus an der Straße auf der Fahrt durch das Land. Wenn man das Wort Bar zu wörtlich nimmt, wird die Freude sehr kurz sein. Es erwartet einen hier kein rauschendes Champagnergelage. *Baari* ist eine ganz normale Imbiß-Stube, der hochprozentige Alkohol ist untersagt. Hier unterbricht der Autofahrer seine endlose Fahrt und trinkt Kaffee mit *Pulla* (Hefegebäck). Oder er nimmt als Zwischenmahlzeit am Vormittag einen Gries- oder Haferbrei, oder doch lieber Würstchen mit Kartoffelbrei (*nakit ja perunamuusi*). Wenn der Gast Glück hat, dann erhält er in der Bar auch Piroggen und belegte Brote.

Um Problemen mit Hunger und Durst während des Finnland-Aufenthaltes aus dem Wege zu gehen, seien nun zum Abschluß der kurzen Plauderei über Eß- und Trinkgepflogenheiten einige Hinweise auf Zeiten erlaubt, wann der Finne zu speisen pflegt:

Das Aufstehen beginnt mit *aamu-kahvi* (Morgenkaffee). Dazu gibt es *Pulla*. In Hotels kann man selbstverständlich überall mit einem internationalen Frühstücksbüffet rechnen. *Aamiainen*, das Frühstück für echte Finnen ist allerdings eine Zwischenmahlzeit, die zwischen 10 und 11 Uhr eingenommen wird. Jetzt sind Hafer-, Gries-, Roggen- oder Reisbrei angesagt, versehen mit 'Butterauge' oder mit Zucker, Zimt und Milch und natürlich eine Tasse Kaffee.

Lounas, Lunch folgt nach relativ kurzer Zeit, gegen 13 Uhr. Im Restaurant oder in den Kantinen der Firmen wartet das typisch finnische Büfett auf den Hungrigen. Ohne Zwischenmahlzeit schafft niemand den Nachmittag bis zum wohlverdienten Feierabend. Am Nachmittag wieder Kaffee und *Pulla*. Das eigentliche gemeinsame Mittagessen mit der Familie findet später gegen 17 oder 18 Uhr statt. Da 80 % der Frauen berufstätig sind und die Kinder in der Schule eine warme Mahlzeit erhalten haben, dient diese gemeinsame Essenszeit dem Gedanken- und Erfahrungsaustausch über den überstandenen Arbeitstag, ehe jeder den Abend nach eigener Façon gestaltet.

Ein finnischer Tag geht selbstverständlich mit Kaffee zu Ende. *„Ohne iltakahvi kann man doch nicht schlafen!"* Kaffee und etwas *Pulla*. Gleichgültig, wie spät es geworden ist. Auch wenn Mitternacht herangerückt sein sollte: Kaffee schmeckt den Finnen immer.

Auf den Spuren der alten Finnen

Historische Städte, alte Kirchen.
In jedem Ort ein Museum –
und ein Denkmal von Mannerheim

So stell' ich mir das alte Finnland vor (aber noch ohne die Mannerheim-Denkmäler): Graubärtige Runensänger vor einsamen Blockhütten an versteckten Seen in den unendlichen Wäldern. Sampogesänge, begleitet von den wehmütigen Klängen der fünfsaitigen Ur-Kantele.

Nach Siegfried, dem treuen Hagen und dem Schatz der Nibelungen wird man am Rhein vergeblich suchen. Das *Kalevala*, das Nationalepos der Finnen jedoch lebt. Man begegnet ihm in Helsinki und besonders lebendig in Karelien, im Land der Runensänger und des *Kalevala*. In Nordkarelien liegt der geheimnisumwitterte und wohl versteckteste See *Koitere*.

Das berühmte Runensängerhaus vom *Koitere* ist jetzt nach Ilomantsi versetzt worden. Das alte karelische Brauchtum ist in dieser Gegend sehr lebendig geblieben. Auf dem Hügel *Parppeinvaara* steht nun das Kalevalahaus *Runonlaulajan Pirtti*, in dem der Kantelespieler und Volkssänger Jaakko Parppei lebte. Viele Veranstaltungen und Ausstellungen beschäftigen sich jährlich mit alter finnischer Volkskunst und -kultur. Hier geht man wirklich auf den Spuren von Elias Lönnrot und den Kalevala-Gesängen.

Selbst in der großen Stadt Helsinki begegnet man nicht erst beim zweiten Hinschauen dem Herzen und der Seele Finnlands. Eine Reise in die karelische Einsamkeit ist nicht unbedingt erforderlich. Denkt man an finnischen Schmuck beispielsweise, dann ist *kalevala-*

koru gemeint: Bronzeschmuck, aber auch in Gold und Silber, in wunderbaren Replikaten nach urfinnischer Tradition. Unverkennbar und typisch finnisch.

Denkt man an das Nationalepos *Kalevala*, dann denkt jeder Finne unwillkürlich an Akseli Gallen-Kallela (1865-1931). Der Maler der finnischen National-romantik setzte das Epos *Kalevala* in Bilder um. Beginn jeder Reise in die geistigen Inhalte Suomis sollte unbedingt der Besuch des Nationalmuseums sein. Die Fresken in der Kuppelhalle öffnen dem Gast den Zugang zum *Kalevala*. Und wenn der Wanderer das Wohnhaus Gallens in Espoo besucht hat, an seiner Staffelei stand, seine Bilder und Entwürfe sah, und im Garten am See seinen Kaffee nahm, dann hat ihn der Zauber Finnlands in Besitz genommen.

„Dem Mimen flicht die Nachwelt keine Kränze,..." Diese Schillerworte aus dem Prolog zu „Wallensteins Lager" gelten allen Künstlern. Mit Ausnahme der finnischen? Finnland bewahrt das Erbe seiner Großen in höchsten Ehren. Es liegt ohne Frage daran, daß Finnland zwar eine jahrtausendlange Kulturgeschichte hat, sie jedoch erst seit weniger als 100 Jahren in Freiheit zu eigen machen durfte.

Auf den Spuren der Geschichte und ihrer bedeutendsten Menschen zu wandeln, geschieht am eindringlichsten, indem man ihre Wirkungsstätten und die Orte ihrer Herkunft besucht. Einige wenige Beispiele aus der Umgebung von Helsinki seien hier aufgeführt, in der Annahme, daß die „Eroberung" Finnlands für die meisten Besucher in dieser Stadt seinen Anfang nimmt:

☐ Akseli Gallen-Kallela, der berühmteste Maler der Jahrhundertwende. Sein Haus *Tarvaspää* bei Espoo/Helsinki ist ein eindrucksvolles Zeugnis finnischer Lebensart und zeigt lebensnah die Quelle von Finnlands Kunst und Design.

☐ Jean Sibelius lebte und arbeitete in *Ainola*, von alten Bäumen umgeben und natürlich an einem See in der Nähe von Järvenpää nördlich von Helsinki. Hier entstanden seine großen Symphonien; man geht vorsichtig und ehrfurchtsvoll im Hause und spricht leise, als könne der große Meister bei seiner Arbeit gestört werden.

☐ Pekka Halonen, der bedeutende Maler, baute sich bei Tuusula auf hohen Felsen über dem See das gewaltige Holzhaus *Halosenniemi* aus riesigen braun-schwarzen rohbehauenen Stämmen. Hier riecht es nach Teer und Farben und Kiefernharz. Es ist kein Museum, keine Gedenkstätte. Man bewahrt hier das Arbeits- und Wohnhaus von Halonen mit allen Dingen des täglichen Lebens.

☐ Aleksis Kivi ist der Dichter des finnischen Klassikers *Seitsemän veljestä*, „Die sieben Brüder". Pflichtlektüre für jedermann. Sein Sterbehäuschen bei Tuusula steht in einem großen Kontrast zu den riesigen Häusern der Malerfürsten. Seine letzte Herberge war eine winzige Holzhütte, in der das Andenken an den großen Dichter sorgfältig gepflegt wird.

☐ Drei finnische Architekten, Saarinen, Gesellius und Lindgren, schufen sich westlich von Espoo Anfang dieses Jahrhunderts gemeinsam ein riesiges Anwesen als Ausdruck ihrer Lebens- und Denkweise und als Zeugnis ihres künstlerischen Schaffens: *Hvitträsk*. Natürlich auch hier: Häuser und Park im Wald, oberhalb eines stillen Sees. Viel Holz und Naturstein, die gesamte Einrichtung bis zum Glas und Stuhl von den Künstlern selbst geschaffen.

Fünf Beispiele, herausgegriffen aus der großen Zahl von Gebäuden, Ateliers und Gedenkstätten berühmter Finnen im Süden, in Helsinki und Umgebung. Nun weiter auf einer Reise entlang der Küste: Insbesondere der Küstensaum von Turku im Westen über Vaasa nach Oulu und von Turku bis zur russischen Grenze bieten eine Fülle ähnlicher Denk- und Gedenkstätten.

Holz ist ein wunderbarer Baustoff und Finnland lebt von und mit Holz. Leider ist Holz brennbar und viele Zeugnisse der Vergangenheit wurden ein Raub der Flammen. Dies gilt für alte Holzkirchen ebenso wie für ganze Städte. Das alte Turku brannte mehrmals völlig ab. Das Handwerkerviertel ist jedoch erhalten und die

Burg und der Dom sind aus Backstein und feuerfestem Granit.

Man sagt, Finnland hätte weder Städte noch Dörfer, die Finnen seien derart introvertiert und Einzelgänger, daß urbanes Leben sich nicht entwickeln konnte. Auf ewiglangen Nebenstraßen sieht der Reisende in Abständen einsame Briefkästen. Die dazugehörenden Häuser befinden sich tief im Wald und Gebüsch. Das Zentrum, *Keskus*, einer Ortschaft besteht in der finnischen Regel aus einem Supermarkt, einer Tankstelle, Schule und Kirche. Kaum ein Wohnhaus weit und breit zu sehen. So beschreibt man das Binnenland.

Was für das innere Finnland gilt, das gilt nicht für den gesamten Küstenbereich. Hier ist westlicher, skandinavischer Einfluß zu spüren. Städte und Ortschaften mit farbigen Holzhäusern, Kirchen aus Backstein oder teils gewaltigen Feldsteinen, Kopfsteinpflaster, kleine Läden, Museen, Galerien, Kaffeehäuser.

An der schwedischsprachigen Westküste, nördlich der alten Hauptstadt Turku, aber auch östlich von Helsinki findet der Reisende die Orte und kleine Städte, die ihr altes Gesicht bewahrt haben.

Naantali, westlich von Turku, mit einem Schären-Bilderbuchhafen und seiner Altstadt mit farbigen Holzhäusern und dem Sommersitz der Staatspräsidenten Finnlands ist das Tor zur finnischen Schärenwelt und den Ålandinseln. Ein kleiner Abstecher dorthin: Åland bietet neben Schären prächtige Landhäuser und alte, sehr gut erhaltene, wenn auch verwitterte Feldsteinkirchen.

Zurück zur Westküste. Rauma, eine alte Seefahrerstadt ist der Ort des Klöppelns. Seefahrer verbrachten die Zeit, in der das Meer vom Eis beherrscht war, mit Klöppelarbeiten. Die Frauen lernten es von ihnen, und prompt wurden sie dafür mit einem Denkmal geehrt. Bereits im 16. Jahrhundert wurde die Stadt nach strengen städteplanerischen Prinzipien erbaut. 600 alte Holzhäuser sind über die Zeiten gerettet. Man sagt, Rauma sei die größte und am besten erhaltene Holzhausstadt in ganz Skandinavien. – Der durch Sprachprobleme in Finnland verschüchterte Besucher atmet in

Rauma auf. Der mit Sicherheit aus wilder Seeräuberzeit stammende Dialekt, ein wahrhaft multinationales Sprachgemisch, läßt sogar den Finnen verzweifeln. Raumaisch verstehen garantiert nur die Bürger von Rauma. Sowohl Finnen als auch Schweden sind hier zur bewährten Zeichensprache übergegangen.

Pori ist der Wallfahrtsort der Freunde des Jazz. Die allerbesten Musiker der Welt sind hier beim Pori-Jazz-Festival aufgetreten. Von Miles Davis bis Dizzy Gillespie. Pori, aber auch die Städtchen Kristiinankaupunki und Vaasa, alte Hafenstädte, schwedische Gründungen, sind mehrmals mit Sack und Pack umgezogen. Über die finnische Landhebung ist bereits gesprochen worden: „Finnland erhebt sich aus dem Eis". In 100 Jahren einen knappen Meter. Um Hafenstädte bleiben zu können, mußten die Städte dem Meer „nachlaufen". So blieben die alten, historischen Orte von „Modernisierungen" verschont. Ein Glück für den Reisenden.

Kristiinankaupunki lebte vom Exportartikel Teer. Heute eher von Tomaten. Jeder hielt es für großen Unsinn, hoch im Norden diese empfindliche Pflanze anzubauen. Mit *sisu*, dem sturfinnischen Temperament, geht jedoch nahezu alles. Riesige Tomatenplantagen sind der Beweis. Und weil die Finnen strengen Frost zur Genüge kennen und von Wärmeisolation viel verstehen, haben sie hier auch ein Zentrum für Nerzzucht errichtet.

Vaasa liegt mit seiner Neustadt am Meer, das alte Vaasa mit interessanten Ruinen seiner Urzeit einige Kilometer weiter im Binnenland. Einige Worte zu Finnlands jüngster Geschichte seien gestattet. Nach der Unabhängigkeitserklärung vom 6. Dezember 1917 begann hier der leidvolle Weg des Bürgerkrieges zwischen den bürgerlichen „Weißen" und den Sozialisten, den „Roten". Der finnische Adelige und ehemaliger Zarengeneral Mannerheim übernahm hier in Vaasa das 27. preußische Jägerbataillon; junge Finnen, in Deutschland ausgebildet, hatten bereits im Krieg gegen Rußland erste Kampferfahrung gesammelt. Mannerheim begann von Vaasa aus die harten und blutigen Kämpfe gegen die „Roten" und eroberte den Süden und die Hauptstadt Helsinki. Eine für Finnland unbeschreiblich bittere Zeit mit Hunger, Not und Tod. Nach 600 Jahren Fremdherrschaft fallen bereits im 1. Jahr der Freiheit in einem Bürgerkrieg die Finnen übereinander her. Die Wunden sind bis zum heutigen Tag nicht endgültig verheilt.

Oulu und Kemi, alte Hafenstädte, groß und mächtig geworden durch Teer und Holz. In Kemi findet auch heute die lange Floßreise des Holzes aus dem Norden ein Ende. Die Flüsse sind nicht erkennbar: Holz und noch einmal Holz. In Oulu und Kemi, wie auch in Kotka im Süden, nahe der russischen Grenze, erahnt man den gigantischen Umfang finnischer Holzproduktion. Unermeßliche „Holzplantagen" befinden sich im Hinterland. Kotka im Süden ist der Zielhafen für das Holz, das durch das gewaltige Saimaa-Seengebiet geflößt wird. Wie endlose Fischernetze werden die Holzmassen von Schleppern langsam durch das Seen-Labyrinth gedriftet.

Mit dem Hinweis auf die Industrie-, Hafen- und Holzstadt Kotka sind wir bereits wieder im Süden, östlich von Helsinki. An den Stromschnellen bei Langinkoski steht die sehenswerte reichverzierte Fischerhütte, die der finnische Senat 1889 dem Großfürsten Alexander III. schenkte.

Porvoo, als letzter Ort auf dem Küstenweg genannt, ist wie nahezu alle Städte an der 1.300 km langen Küste, eine schwedische Gründung. Der Drang der Schweden nach Osten dauerte fast 500 Jahre und bescherte den Finnen viel Unruhe und Leid. Und dann waren die Russen an der Reihe. Im Dom von Porvoo schwor Zar Alexander I. 1809, die bestehenden finnischen Gesetze zu respektieren. Wie dem auch sei, erst 1917 war diese Koexistenz endlich vorüber.

Bleiben wir noch bei Finnlands Geschichte und Porvoo. Hier lebte Johan Ludwig Runeberg (1804 – 1877), der Schöpfer der Finnischen Nationalhymne. Der Anfang seiner Dichtung „Fähnrich Ståls Gesänge", in schwedischer Sprache verfaßt, wurde finnische Nationalhymne:

O Heimat, Heimat, unser Land,
Kling laut, du teures Wort!
Kein Land, so weit der Himmelsrand,
Kein Land mit Berg und Tal und Strand,
wird mehr geliebt als unser Nord,
Hier unsrer Väter Hort.

Ernst ringt sich deine Blüte los,
Reif aus der Knospe Zwang.
Ja, einst aus unsrer Liebe Schoß
Geht auf dein Hoffen, licht und groß,
Und unser Vaterlandsgesang
erschallt in höherm Klang.

Nun von Porvoo zurück nach Helsinki. Und wieder ist mit einer geographischen Superlative aufzuwarten: Helsinki ist die nördlichste Hauptstadt dieser Erde (vergessen wir dabei unhöflicherweise Reykjavik).

Napoleon ist natürlich an allem Schuld; oder besser, ihm haben wir die wundervolle „weiße Stadt am Meer" zu verdanken. Er und Zar Alexander I. versuchten vergeblich, Schweden zu zwingen, an der Kontinentalsperre gegen England zu beteiligen. Schweden tat dies nicht. Rußland führte daraufhin 1808-09 Krieg und Schweden ging Finnland endgültig verloren. Die alte finnische Hauptstadt Turku lag dem mißtrauischen Zaren zu sehr in der Nähe Schwedens und Stockholms. Eine neue Hauptstadt, weiter im Osten, in der Nachbarschaft von St. Petersburg, mußte her. Ein deutscher Architekt, Carl Ludwig Engel aus Berlin, wurde engagiert. Helsinki wurde geplant, gebaut und zur Haupt- und Universitätsstadt gekürt.

Klassizistische Pracht und städtebauliche Geschlossenheit zeichnen Helsinkis Innenstadt aus. Wer mit einem der riesigen Fährschiffe durch die engen Schären in die „weiße Stadt am Meer" einfährt, empfindet die Begrüßung wie eine dramatische Opern-Inszenierung. Der Senatsplatz mit Dom, Universität, Parlament und der Universitätsbibliothek, die Boulevards und die Bebauung in einem Gesamtkonzept zeigen Engels genialen städteplanerischen Wurf, der seit 150 Jahren nahezu unverändert erhalten blieb.

Helsinki ist auf Fels gebaut. Beeindruckend der blanke Fels, finnischer Granit, auf Plätzen und Höfen, in Parks und sehr beeindruckend in der U-Bahn. Dort ist zum Teil auch das blanke rohe Urgestein Gestaltungselement. Am überwältigendsten jedoch ist die in Fels gesprengte Felsenkirche, die *Temppeliaukion kirkko.*

Ein Sprung in einen anderen Stil: Nur wenigen ist bekannt, daß Finnland und besonders Helsinki stark geprägt wurden durch Jugendstil und Art Deco. Ein besonderes Beispiel für finnischen Jugendstil bietet das Haus, in dem die Deutsche Bibliothek residiert. Bereits die Eingangspforte zeigt die absolute Eigenständigkeit des finnischen Jugendstils.

Wien ist nicht Österreich; und Helsinki ist nicht Finnland. Die Stadt, so groß wie Zürich, beherbergt über eine halbe Million Bürger; die Orte Espoo und Vantaa mit einbezogen, leben im Großraum Helsinki insgesamt knapp 1 Million Menschen. Das sind 20 % der Gesamtbevölkerung. Viele Entwicklungen nehmen in diesem Ballungsraum einen völlig anderen Verlauf als anderswo. Das bezieht sich auf gesellschaftliche Belange ebenso wie auch auf Kunst und Kultur.

Wenden wir uns nun ab von der finnischen Küste mit ihren Städten und berühmten Häusern und dem schwedischen Einfluß und begeben uns nach Karelien. Karelien und die östliche Berührung ist wahrhaftig ein Farbtupfer im vielgestaltigen Finnland. In Lieksa und am Bomba-Haus, gelegen am Pielinen-See, ist die prachtvolle karelische Holzarchitektur zu bewundern. Über Ilomantsi, *Kalevala* und Runensänger ist bereits gesprochen worden. Karelien ist aber auch die finnische Provinz, die unter dem Kreuz des orthodoxen Glaubens steht. Hier sei nochmals auf das orthodoxe Kloster Neu-Valamo in Heinävesi am See Juojärvi verwiesen. In der Nähe dieses Männerklosters, kleiner und versteckter natürlich, steht ein orthodoxes Frauenkloster mit dem Namen *Lintula.* Jedoch dem Geheimnis des Zaubers karelischer Wälder, Sümpfe, Seen und des

110

orthodoxen Glaubens in der finnischen Einsamkeit kommt man am nächsten bei der kleinen orthodoxen Holzkirche *Vanha Tsasouna* bei Hattuvaara. Dieser heilige Ort liegt weit östlich hinter dem Koitere-See. Schwedische Städte, karelische Dörfer und Kirchen. Wo bleibt das „Finnische"? – Tampere, das ist die Stadt, die absolut finnisch ist. Tampere ist die größte und bedeutendste Stadt im gesamten skandinavischen Raum, die *nicht* an einer Küste liegt. Diese Stadt riecht nach Industrie und besonders nach Papier. Elektrisches Licht gab es zu allererst hier. Industrie heißt Arbeiter, vor 80 Jahren nannte man sie Proletarier. Lenin war häufig hier. Inkognito teilweise, als Lokomotivführer getarnt. Ein Museum ist ihm in Tampere gewidmet.

Vor wenigen Jahren wurden große Teile des alten Arbeiterviertels *Pispala* abgerissen. Ein unwiederbringliches Zeitdokument für das Leben im aufkeimenden Industriezeitalter Finnlands. Wenige der typischen, schlichten einstöckigen Holzhäuser stehen heute unter Denkmalschutz. Zum Glück gibt es das Buch *Moreeni* von Lauri Viita, das auch in die deutsche Sprache übertragen wurde. Es beschreibt eindrucksvoll das Leben der Arbeiter Anfang des Jahrhunderts. Angesiedelt ist sein Roman in Tampere, in dem Arbeiterquartier *Pispala,* das auf einer Erdmoräne liegt. Daher der Buchtitel *Moreeni.* Tampere hält seinen proletarischen Ursprung wach. Eines der hervorragendsten Bühnen im theaterbesessenen Finnland ist das *TTT,* das Arbeitertheater von Tampere. Im Sommer spielt das *Tampereen Työväen Teatteri – TTT* auf der Freilichtbühne von Pyynikki. Die Aufführungen sind derart hinreißend inszeniert, daß selbst der sprachunkundige Gast sich dem Bann nicht entziehen kann.

Tampere ist keineswegs einseitig. So muß auf zwei Gebäude verwiesen werden, die für Finnland charakteristisch sind und auf die das Land zurecht stolz ist. Finnischen Jugendstil, nicht verwechselbar mit Wiener- oder Münchner Jugendstil, bietet der Dom mit den Freskenbändern und den Fresken „Der verwundete Engel" und „Garten des Todes" von Hugo Simberg, einem der skurrilsten und faszinierendsten finnischen Künstler. Ein Glanzlicht moderner finnischer Architektur ist das eindrucksvolle Gebäude der Stadtbücherei, entworfen von Reima Pietilä.

Bleiben wir bei moderner finnischer Architektur. Nordöstlich von Tampere liegt die Universitätsstadt Jyväskylä. Von hier aus ging der Ruhm finnischer Architektur und Städteplanung in die Welt. Hier eröffnete Alvar Aalto, der berühmteste Architekt des Landes sein erstes Büro. Das Stadttheater und das Rathaus in Säynätsalo sind beredte Zeugnisse moderner finnischer Architektur und Aaltos Wirken.

„Funktionalismus" ist Stil und Leitgedanke der Gestalter des jungen Finnland. Aalto: *„In ein Gebäude mit klarer Raumeinteilung passen keine Plüschmöbel."* So wird aus Aalto Städteplaner, Architekt und Designer. Seine stapelbaren Sperrholzhocker sind berühmt und heute noch ebenso im Handel wie auch seine unvergleichliche geschwungene Glasvase. Niemand, der Finnland liebt und verehrt, kann ohne diese Vase existieren! Für die Glasfabrik *Iittala*, zwischen Hämeenlinna und Tampere gelegen, ist Aalto neben Tapio Virkkala der „Parade-Designer" und stolzes Markenzeichen.

Eine der interessantesten älteren Architekturen von Aalto finden wir in Turku, das Sanatorium *Paimio*. Die Finlandia-Halle von Helsinki, das schneeweiße Marmorhaus gegenüber dem Parlament, ist allen bekannt durch die KSZE-Konferenz. Nach wie vor gilt die Stadtplanung von Tapiola, einem Stadtteil von Espoo bei Helsinki, als eine der gelungendsten und imponierendsten Stadtgestaltungen der Welt.

Nicht nur Stein, Metall und Glas sind die Werkstoffe des modernen finnischen Architekten. In Munkkiniemi, auf dem Weg von Helsinki zum Gallen-Kallela-Museum, befindet sich das private Wohnhaus von Alvar Aalto, das er sich im Jahre 1935 erbaute. Mit diesem modernen, im Geiste des finnischen Funktionalismus gestalteten Holzhaus stellte er sich auf den Weltausstellungen in Paris 1937 und in New York 1939 der Weltöffentlichkeit vor.

Um ein Beispiel für den Städteplaner Aalto zu liefern, springen wir auf unserem Rundgang durch das mittlere Finnland kurz nach Lappland, nach Rovaniemi direkt am Polarkreis. Diese Stadt brannte im Spätherbst 1944 nahezu vollständig nieder. „Verbrannte Erde." Alvar Aalto baute eine neue Stadt. Die Form des Rentiergeweihs war die Vorlage für die Gestaltung und Führung der Haupt- und Nebenstraßen. International brachte ihm diese städteplanerische Idee viel Erstaunen und Bewunderung ein. Die Bewohner von Rovaniemi fragen heute allerdings nach der Funktion im „Aalto-Funktionalismus", liegt doch die Stadt in einer klimatisch extremen Region, bei der eventuell andere planerische Gesichtspunkte vorrangig gewesen wären.

Alvar Aalto baute Kirchen, viele Kirchen. Das letzte, nach seinen Plänen errichtete Gotteshaus steht in Lahti, unweit des Marktplatzes. Somit sind wir wieder auf die Route durch das mittlere Finnland zurückgekehrt. Viele Bürger trauern der alten filigranen klassizistischen Holzkirche in Lahti nach, die dem sachlichen Aaltobau hat weichen müssen.

Lahti ist keine 100 Jahre alt. Nach Historischem zu suchen ist mühevoll. Der berühmte Architekt der Jahrhundertwende Saarinen schuf das eindrucksvolle Ensemble mit dem Rathaus und der Schule, versteckter zwar als die gewaltigen Skisprungschanzen und Sendemasten, aber ein harmonischer städtebaulicher Akzent.

Inzwischen hat man sich auch in Finnland darauf besonnen, daß sogar bürgerliche Gebäude schützenswert sind, daß sie ein Zeitdokument darstellen, gepflegt und geachtet erheblich zur Lebensqualität einer urbanen Gemeinschaft beitragen. In zurückliegenden Jahren verschwanden spurlos viele dieser alten, einfachen, robusten Holzgebäude; nun werden sie unter Denkmalschutz gestellt.

Lahti, die junge Industrie- und Sportstadt, hat sich ein ganzes Quartier bewahrt. Es liegt direkt am Bahnhof, dort wo die wunderbaren alten Züge auf ihrer breiten Schienenspur nach St. Petersburg und weiter nach Moskau rollen. *Asemantaus* heißt dieser kleine Stadtteil, „Hinter dem Bahnhof".

So erhält sich jeder Ort in Finnlands Binnenland seine charakteristische Eigenart. Auch Mikkeli, die Stadt mit der ältesten finnischen Steinsakristei, die über 500 Jahre schwedisch-finnisches Bollwerk war gegen Nowgorod-Rußland. Mannerheim leitete schließlich von diesem klassischen Garnisonsort aus den Kampf gegen die deutsche Armee, die in Lappland einschlossen war. Museen und ein Wachsfigurenkabinett sind Zeugen: Szenen aus dem Buch „Der unbekannte Soldat" von Väinö Linna, dem großen Buch über den Winterkrieg gegen Rußland, wurden mit Wachsfiguren nachgestellt.

Bleiben wir bei Martialischem in der alten Grenzregion zwischen den seinerzeitigen Weltmächten Schweden und Rußland. *Olavinlinna*, die mächtige Burg in der alten Grenzstadt Savonlinna, hielt stand während der 400jährigen, nie freundlich verlaufenen Begegnungen mit den Nachbarn aus dem Osten. Heute ist die Stadt wieder ein Ort internationaler, gottlob aber friedlicher Begegnungen. Die Savonlinna-Opernfestspiele haben ihren Platz in der ersten Reihe bedeutender internationaler Festspiele seit Jahren erobert. Sie finden alljährlich im Sommer in den Mauern der ehrwürdigen Burg *Olavinlinna* auf einer Felseninsel statt. Zur Musik gesellte sich vor wenigen Jahren die Felsengalerie *Retretti* mit großen Kunstausstellungen, aber auch mit Konzerten. *Retretti* liegt am Punkaharju, der schmalen, landschaftlich märchenhaften Landverbindung im Saimaa-Seen-Gebiet. Besser gesagt: *Retretti* liegt unter Punkaharju, einem Höhlenlabyrinth unter der Erde.

Bei *Retretti*, der Höhlengalerie und den Opernfestspielen können wir mit gutem Gewissen von Superlativen sprechen. Und was die Kunst kann, das kann der Glaube erst recht. Wenige Kilometer entfernt in Kerimäki befindet sich die größte Holzkirche der Welt. Ein Gotteshaus mit Sitzplätzen für 3.500 Personen. Als die Kirche erbaut wurde, zählte die Gemeinde kaum mehr als 500 Seelen. Die Entstehungsgeschichte ist umstritten, aber in folgender Form doch so schön: Ein Auswanderer aus Kerimäki ist in Amerika reich geworden und schickt aus alter Verbundenheit zu seiner

Heimat Geld und Baupläne für eine Holzkirche. Die Maße waren in Fuß angegeben. Die dankbaren Bürger benutzten jedoch, ohne umzurechnen, das ihnen bekannte metrische Maß. Das war alles.

Stabkirchen, die berühmten Holzkirchen des Nordens, sie findet man in Finnland nicht. Aber wundervolle Holzkirchen aus schwarz-braunen Stämmen, nicht gesägt, sondern mit Äxten gehauen. Der Grundriß, wie auch bei alten Feldsteinkirchen, einfach und logisch: Ein rechteckiges Kirchenschiff, an der einen Seite ein kleiner Anbau, die Sakristei, und auf der anderen Seite, zumeist am Eingang, *asehuone*, der Waffenraum. Er heißt in der Tat auch heute noch so. Hier legte man, bevor man den heiligen Ort betrat, seine Waffen ab. Jagdwaffen oder andere, das ist nicht überliefert.

Nun eine winzige Auswahl empfehlens- und sehenswerter Gotteshäuser aus Holz für den nach der finnischen Seele Ausschau haltenden, versehen mit Hinweisen auf versteckte aber charakteristische Eigenarten:

Ruokolahti liegt bei Imatra, also nicht weit entfernt von der größten Holzkirche in Kerimäki. In ostfinnischem, karelischem Stil erbaute Tuomas Suikkonen 1763 die Kirche von Ruokolahti. Der Glockenturm blieb erhalten und begeistert durch die derben Holzstämme und die künstlerisch geschlagenen und gedeckten Schindeln. – Im Norden, westlich von Jyväskylä, sind vier interessante Holzkirchen zu sehen: Virrat, Keuruu, Petäjävesi und Pihlajavesi. Auf zwei von ihnen soll ein wenig eingegangen werden.

Pihlajavesi. „Eidödkirche der Wildnis" heißt die alte Kirche bei der Bevölkerung. Hier spürt und riecht der Fremde die finnische Einsamkeit. An der Tür wird der Gast von *Vaivaisukko* empfangen, einer lebensgroßen farbigen Holzfigur, die Hand um eine Gabe bittend ausgestreckt, in der Brust ein Schlitz für Geld. Hat man seinen Obolus entrichtet, bedient man sich des riesigen Schlüssels, der an einem Nagel an der Wand hängt. Im Turmeingang sind Totenbretter beredte Zeugen der großen Hungersnot in den Jahren um 1860. Allein der ausschließlich mit der Axt bearbeiteten und verfugten Balkenstämme und der einsamen Lage wegen ist die

Vanha kirkko von Pihlajavesi, die alte Kirche von 1780 eine lange Reise wert.

Petäjävesi: Wieder eine stämmige Kirche aus schwarz-braunen Balken gefugt. Mächtig steht sie auf einer Halbinsel. Älter als die Kirche selbst, die von 1763-68 erbaut wurde, ist die Kanzel mit ihren bunten, naiv-grotesken Figuren, von denen der Kanzelsockel in Form eines großen Kopfes besonders beeindruckt. Werfen Sie einen Blick auch auf die zwei alten Kirchboote vor dem Gotteshaus am See. Es sind 10 Meter lange Ruderboote aus Holz, mit denen die Kirchgänger den langen Weg zum Gottesdienst zurücklegten.

Jetzt folgt ein Sprung in den hohen Norden, 150 km über den Polarkreis: In Sodankyläs *Vanha kirkko*, die alte Lappenkirche aus dem Jahr 1689. Bemerkenswert, daß diese Kirche, an der Straße von Rovaniemi zum Inari-See und zum Eismeer, den 2. Weltkrieg überstanden hat. Die Balken aus lappländischer Kiefer haben die Farbe gewechselt und sind ergraut. Lange hielt sich bei den Samen die Erinnerung an ihre alte Stammesreligion. Obwohl die Lappen Christen geworden waren, mußte sehr energisch der berühmte Lapplandpfarrer Tuderus Ende des 17. Jahrhunderts gegen Schamanentrommeln und Zaubertüren angehen. Direkt auf der Kirche selbst hat sich ein optisches Zeichen an das Schamanentum der Samen erhalten: Eine riesige geschnitzte Schamanenstange. Noch etwas Eigentümliches ist über die alte Kirche zu berichten: Unter dem Boden der Kirche liegen Mumien. Bedeutende Persönlichkeiten wurden auch in Lappland in der Kirche bestattet. Wohl beeinflußt durch das arktische Klima sind einige Verstorbene mumifiziert. Leider mußten die Bodenbretter festgenagelt werden, denn Andenkenjäger zeigten nicht einmal vor Toten Respekt. Wer eine lappländische Mumie besuchen möchte, der suche die alte Steinkirche in der Landgemeinde Kemi im Südwesten Lapplands auf.

Von den Holzkirchen geht die sakrale Exkursion zu den faszinierenden Feldsteinkirchen mit ihren Giebelmauern aus gewaltigen Findlingen. Beispiele finnischer Backsteingotik runden das Bild über alte Kirchen ab:

Turku, die ehemalige Hauptstadt Finnlands, ist mit ihrem mittelalterlichen Dom natürlich zuerst zu nennen. Hier wird die Verbundenheit der Ostseeländer deutlich. Turku und Agricola gehören zusammen, der finnische Reformator, dem man mit dieser ausschließlichen Bezeichnung unrecht tut. Der Freund und Schüler von Luther und Melanchton übersetzte die Bibel in die finnische Sprache, das AT teilweise, das NT komplett. Wie Luther für die deutsche Sprache, mußte er für die finnische Übersetzung aus den zahlreichen Dialekten das Hochfinnisch mit zum Teil völlig neuen Wortschöpfungen konzipieren. Man bedenke, daß Agricola im 16. Jahrhundert lebte und daß sich die finnische Schriftsprache erst im 19. Jahrhundert als Landessprache behaupten konnte und an den Schulen eingeführt wurde.

In der Nähe von Hämeenlinna befindet sich ein Beispiel finnischer Backsteingotik: Hattula. Etwa um 1320, gleichzeitig mit der schmucklosen Feldsteinfestung Tawasthus, der Burg von Hämeenlinna, wurde die Steinkirche von Hattula erbaut. Hattula war damals nicht nur die Hauptkirche von Häme, sondern als Wallfahrtskirche „Heilig Kreuz", *Pyhän Ristin Kirkko* in ganz Skandinavien bekannt. Die wunderschönen, völlig erhaltenen farbigen Kalkmalereien stammen aus den letzten Jahren des katholischen Finnlands, gemalt um 1510. Im späteren protestantischen Finnland fand der Bildersturm nicht statt wie zum Beispiel in Deutschland. So blieben nicht nur die Wandmalereien erhalten, sondern auch die vielen sakralen alten Skulpturen, Figuren von Heiligen, Kirchenfürsten und Madonnen. Hattula wurde wahrscheinlich von Deutsch-Ordensleuten gebaut. Der hansische Einfluß ist unverkennbar und viele Schnitzfiguren tragen die Handschrift oder Signatur von Künstlern aus Lübeck oder Rostock.

Feldsteinkirchen sind nahezu ausschließlich im Südwesten und natürlich auf den Ålandinseln anzutreffen. Unbegreiflich ist es, wie die mächtigen Felsen, Findlinge von Höhen bis zu 3 Metern zu den Gibelmauern aufgeschichtet werden konnten. Mauerstärken im Fundament von 6 – 7 Metern sind keine Seltenheit.

Aus der großen Zahl begeisternder alter finnischer Feldsteinkirchen seien nur einige wenige Beispiele genannt, die jedoch Höhepunkte sind und von außergewöhnlicher Pracht.

Von den etwa einem Dutzend Steinkirchen der Ålandinseln soll hier stellvertretend die Kirche von Kumlinge genannt werden. Sie liegt auf einer Insel zwischen der Åland-Hauptinsel und dem Festland im Schärenarchipel vor Turku. An der Küste im Süden, östlich von Helsinki seien folgende Steinkirchen empfohlen: Pyhtää, Pernaja und Porvoo. Westlich von Helsinki: Espoo und Lohja. Dann natürlich der Dom zu Turku und an der nördlichen Küste Ryhättylä auf einer Halbinsel bei Naantali, und Taivassalo. Im Gebiet von Turku/Hämeenlinna sollte sich niemand die Kirchen Tyrvää im Norden von Turku, Hattula, Hauho und Vanaja bei Hämeenlinna entgehen lassen. Dazu gehört selbstverständlich auch Hollola in der Nähe von Lahti.

Im protestantischen Finnland darf man jedoch die orthodoxe Kirche auf keinen Fall unberücksichtigt lassen. Direkt am Hafen von Helsinki begrüßt die aus roten Ziegelsteinen gemauerte *Uspenski-Kathedrale* die Gäste, die mit dem Schiff Finnland besuchen.

Mit der Felsenkirche in Helsinki soll der kleine Rundgang zu finnischen sakralen Bauten beendet werden. Die „Tempelplatzkirche", *Temppeliaukion kirkko*, wie sie offiziell heißt, wurde mitten in der Stadt in den Felsen gesprengt. Die Innenwände bestehen aus naturbelassenem Urgestein und zum Teil aus Bruchsteinmauern. Wasser läuft in den Felsrinnen und wird im Fußboden abgeleitet. Der Altartisch ist eine Granitplatte, die zurückversetzte Altarwand bildet sich aus einem eiszeitlichen Felsenriß. Die Empore wurde mit Kupferpanelen verschalt. Die Kuppel mit ihren Kupferbändern läßt durch die Fenster gedämpftes Licht in den Kirchenraum, der kühl und still ist wie eine Felsengrotte oder Höhle. Urgestein, Granit, Kupfer, Glas und Holz, das sind Synonyme für „typisch finnisch".

Kultur in Finnland –
Kunst in Finnland

Literatur

Ohne Superlative darf man offenbar nicht beginnen. Die UNESCO trägt die Verantwortung für die Zahlenangaben: Weltweit die meisten Buchtitel erscheinen, wie könnte es anders sein, natürlich in Finnland. Die Statistik weist aus, daß je 10.000 Einwohner hier 17,1 Titel jährlich auf den Markt kommen. Der Vergleich mit den USA stellt eine überraschende Sensation dar, denn im Land der unbegrenzten Möglichkeiten weist die UNESCO ganze 1,2 Bücher pro 10.000 Menschen aus. Die Hälfte besteht aus Originalliteratur, der andere Teil aus Übersetzungen, in erster Linie aus angloamerikanischer Produktion. Etwa 800 Titel von den Neuerscheinungen sind der „Schönen Literatur" zuzurechnen.

Drei finnische Bücher müsse man gelesen haben, war kürzlich zu vernehmen: „Kalevala", das finnische Nationalepos, die von Elias Lönnrot (1802-84) in Karelien gesammelten Gesänge. Der Eckpfeiler finnischer Kultur schlechthin. Dann den Roman von Aleksis Kivi (1834-72) „Die sieben Brüder", *Seitsemän veljestä*, die poetische, volksnahe Schilderung der Brüder, die sich in den finnischen Wäldern durchs Leben schlagen. Und Väinö Linnas Roman über einen unheroischen Frontsoldaten im Winterkrieg „Kreuze in Karelien", der in einer neuen Übersetzung „Der unbekannte Soldat" heißt, *Tuntematon sotilas* auf finnisch. Diese beiden Romane von Kivi und Linna haben eines gemeinsam: Das Fehlen der Geschichte als nationale Erklärung. Sie zeigen Querschnitte durch das Leben in Finnland. So sind die Finnen, so ist das finnische Volk im Frieden und in schweren Kriegszeiten, auch wie man sich den Finnen nähern soll und wie sie zu nehmen sind. – Darf es etwas mehr Literatur sein?

Die finnische Sprache gelangte erst sehr spät, und zwar Anfang des 19. Jahrhunderts zu seiner Bedeutung als Sprache der Literatur. Allerdings gab der Lutherfreund und finnische Reformator bereits Mitte des 16. Jahrhunderts eine finnische Fibel heraus. Lange blieb aber Schwedisch die Amtssprache und Sprache der Dichtung. So gibt es die offizielle Bezeichnung „schwedischsprachige finnische Literatur". Zwei Männer seien hier genannt, die einen bedeutenden Beitrag zum erstarkenden finnischen Nationalbewußtsein mit ihren Dichtungen – in schwedischer Sprache – leisteten: Z. Topelius und J. L. Runeberg.

Mit „Karelialismus" kann man die literarisch schwärmerische Zeit um die Jahrhundertwende bezeichnen: Die unverfälschte Natur Kareliens, das Land der Kalevala-Gesänge war der Inhalt träumerischer Poesie. Die *Kanteletar*-Liedersammlung, auch von Elias Lönnrot, mit rein lyrischen Volksliedern und Balladen war Anregung und Vorbild in dieser Karelien- und *Kantele*-Romantik. Eino Leino (1878-1926), der große Lyriker, sei stellvertretend genannt und aus seinen Werken der Band „Helkalieder", *Helkavirsiä*. Bis auf den heutigen Tag spielt Lyrik in Finnlands Literatur eine sehr bedeutende Rolle. Jährlich erscheinen in finnischen Verlagen mehrere Bände mit Erstlingslyrik junger und neuer Autoren.

Auch Finnland hat seinen Literatur-Nobelpreisträger. Im Jahr 1939 erhielt Frans Emil Sillanpää (1888-1964) die bedeutendste Auszeichnung der literarischen Welt. Eines seiner Hauptwerke ist „Das fromme Elend", *Hurskas kurjuus*. An dieser Stelle ist ein Hinweis erforderlich, der sich mit finnischer Literatur in deutscher Übersetzung beschäftigt. Deutsche Verlage haben sich stets mit großem Risiko und Engagement für finnische Literatur eingesetzt. Der Verlag Klett/Cotta in Stuttgart in Zusammenarbeit mit dem finnischen Verlag Otava legte mit gewaltigem Aufwand die Reihe „Trajekt" vor. Sie bringt eine Auswahl der wichtigsten Werke in deutscher Übersetzung. In dieser Reihe sind Titel von Aleksis Kivi, Eino Leino, Maiju Lassila, Frans Emil Sillanpää, Pentti Haanpää, Paavo Haavikko, Veijo

Meri, Antti Hyry, Antti Tuuri u. a. erschienen. Hinzu kam ein jährlich erscheinender „Trajekt-Band", genannt „Beiträge zur finnischen, finnlandschwedischen, lappischen, estnischen, lettischen und litauischen Literatur". Das Projekt konnte nicht gehalten werden und die Verlage mußten ihre Arbeit daran Ende der 80er Jahre einstellen. Hervorzuheben ist ebenfalls das große Engagement von Verlagen der DDR, die sich sehr intensiv mit finnischer Literatur befaßten. Zu nennen ist hier in erster Linie der Hinstorf Verlag in Rostock und auch der Aufbau-Verlag. Nach der Wiedervereinigung beider Deutschlands suchte man in ihren Programmen vergeblich nach Finnischem. Heute sind die typografisch und grafisch bibliophilen Ausgaben wahre Raritäten. Somit ist der Leser heute leider gezwungen, seinen Lesehunger nach finnischer Literatur in erster Linie in Bibliotheken zu stillen.

Diese wenigen Hinweise auf finnische Literatur beschränken sich ohnehin auf Werke, die ins Deutsche übersetzt sind. Dabei dürfen Mika Waltari und Tove Jansson nicht vergessen werden. Mika Waltari mit seinen historischen Romanen hat es geschafft, in über 20 Sprachen übersetzt zu werden. Weltberühmt wurde er durch die Verfilmung seines bekanntesten Werkes „Sinuhe, der Ägypter". Die Schriftstellerin und Kunstmalerin Tove Jansson kennen Kinder in der ganzen Welt durch die vielgeliebten Mumin-Figuren.

Ein Gesichtspunkt zum Thema Übersetzungen, insbesondere lyrischer Texte, besteht in der Problematik der völlig anderen Struktur der finnischen und der deutschen Sprache, so daß die Stilelemente der besonders älteren finnischen Dichtung, Parallelismus und Alliteration, fast unübertragbar bleiben. Auch die „wunderbare Wortvermehrung" im Deutschen, um es bildlich zu sagen, hat seine Tücken. Was die Finnen mit zwei Worten ausdrücken, dazu braucht der Deutsche schon vier bis sechs Worte. Und für ein ganzes Gedicht? Nochmals kurzgefaßt: das Finnische kennt keine Artikel, persönliche Fürwörter fallen weg und durch die vielen „Wortanhängsel", Suffixe, kann mit *einem* Wort das ausgedrückt werden, wofür im

Deutschen mehrere Worte notwendig sind. Im Deutschen also viele kurze Worte, im Finnischen wenige, dafür aber längere Worte.

In deutscher Sprache liegen, wohl aus diesem Grunde, lediglich einige Anthologien finnischer Lyrik vor, z. B. „Finnische Lyrik aus hundert Jahren" von Friedrich Ege und Horst Bienek, leider jeweils mit nur sehr wenigen Gedichten beispielsweise von Aleksis Kivi, Eino Leino, Edith Södergran, Arvo Turtiainen, Eeva-Liisa Manner, Claes Andersson und Pentti Saarikoski.

An dieser Stelle sei auf das Finnisch-Ugrische Institut der Universität München verwiesen. Professor Hans Fromm hat, von niemand bestritten, eine der hervorragendsten Übersetzungen des *Kalevala* in deutscher Sprache vorgelegt. Und diese Ausgabe ist sogar noch erhältlich im Hanser-Verlag München. Und Professor Ingrid Schellbach-Kopra hat sich insbesondere dem Gebiet des finnischen Sprichworts – in deutscher Sprache – verdient gemacht. Für die in diesem Buch zitierten Sprichwörter und Wellerismen stammt die deutsche Übertragung von ihr aus ihrem Buch „Finnisch-Deutsches Sprichwörterbuch".

Literarisch ist in Finnland für die deutsche Sprache noch viel zu entdecken. Zu viele Dichter und Schriftsteller sind im deutschsprachigen Raum unbekannt. Es ist sehr zu hoffen, daß in Zukunft die engere Zusammenarbeit und das gegenseitige Kennenlernen von Schriftstellern auf internationalen Schriftstellertagungen die literarische Neugierde auch bei Verlagen und Übersetzern wecken wird, so daß das literarische Finnland nicht länger das bleiben muß, wie es ein Gedichtband von Edith Södergran ausdrückt: „Das Land, das nirgends ist".

Musik

Für die Musik ist die Sprache kein Hindernis. „Musik ist selbst eine Sprache, wo Sprachen enden", sagt Rilke. In den alten *Kalevala*-Gesängen liegt das Hauptgewicht im monoton vorgetragenem Wort, begleitet von der Ur-Kantele.

Das alte finnische Volkslied, häufig schwermütig und melancholisch, und das der Zither und im Klang dem Hackbrett ähnliche Saiteninstrument *Kantele*, das „aus Kummer und Sorge gezimmert" ist, sind ein kleiner Teil finnischer Volksmusiktradition. Diese große Tradition wird engagiert gepflegt, und sie ist die reiche Quelle, aus der die „Kunstmusik" schöpft. Der Festspielort Kaustinen mit den „Kaustinen Folk Music Festival" gehört zu den bekanntesten Pflegestätten finnischer Volksmusik.

Unter den frühen Komponisten sind nur wenige außerhalb der Landesgrenzen bekannt. Fredrik Pacius, der im 19. Jahrhundert Opern komponierte, gehört zu den 'Namhaften'. Von ihm stammt auch die finnische Nationalhymne.

Jean Sibelius kennen alle Freunde klassischer Musik, meist als den einzigen finnischen Komponisten. Man höre die finnische Natur sprechen in den Kompositionen von Sibelius, sagt man. Demnach ist die Sprache der Natur international, überall in der Welt wird sie verstanden. Die Werke von Sibelius gehören zur klassischen abendländischen Musikkultur: Sieben große Sinfonien, symphonische Dichtungen, Orchestersuiten und eine Oper komponierte er. Er ist aber auch Meister der „Kleinen Form". Der große Meister warf lange seinen mächtigen, vielleicht auch lähmenden Schatten auf seine finnischen Komponisten-Kollegen. Zu ihnen zählen Leevi Madetoja mit seinen Opern und Sinfonien, der moderne Aarre Merikanto, Uuno Klami mit sinfonischen Gedichten und der bekannte Liedkomponist Yrjö Kilpinen. In der letzten Zeit haben Komponisten wie Erik Berglund, Einari Englund und vor allem Einojuhani Rautavaara internationale Anerkennung gefunden. Ein Lappland-Liebhaber wird von Sehnsucht ganz ohne Frage unverzüglich überwältigt, wenn er den Klängen von *Cantus arcticus*, dem Arktischen Lied von Rautavaara lauscht: Ein Konzert für Vogelstimmen und Orchester: Moor, Melancholie und Schwanengesang.

Eine Besonderheit ist der große internationale Erfolg finnischer Opernkomponisten in den letzten drei Jahrzehnten: Joonas Kokkonen, Aulis Sallinen und Paavo Heininen haben ungewöhnlich hohe Besucherzahlen z. B. in Savonlinna verzeichnet. Kein Wunder im Grunde, wird doch Finnland das Land der großen Opernbegeisterung genannt. Eigentlich ist Finnland das Land der Theaterbesessenen, die in der Oper, insbesondere gerade in der finnischen Oper ein lebendes Theater mit Musik sehen, ein modernes Dasein durch Musik und gute Inszenierung interpretiert. Das Besondere in Finnland als Opernland ist, daß das traditionelle Repertoire und die neuzeitliche Oper nebeneinander existieren. So auch in Savonlinna.

Zu den „Savonlinna Opernfestspielen" in der Burg Olavinlinna, bereits 1911 gegründet und in den 60erJahren wiederbelebt, strömen jährlich 50.000 Opernbesucher. Zusätzlich ein Beweis der Internationalität: jeder fünfte Besucher kommt aus dem Ausland. Aber nicht nur Kaustinen und Savonlinna sind beliebte Festspielorte im sommerlichen Finnland. Auch in Ilmajoki finden Opernfestspiele statt; die „Pori Jazz Festivals" wurden bereits erwähnt und Naantali und Kuhmo haben ihren Schwerpunkt in Kammermusik, um nur einige aus dem reichhaltigen und sehr vielseitigen Festspielgeschehen in Finnland zu nennen. – Auch der Tango hat sein Festival, und zwar in Seinäjoki.

Von der Oper zurück zu zeitgenössischen Komponisten. Die elektronische Musik hat in Bengt Johansson ihren ersten finnischen Vertreter gefunden. Zur nächsten Musikergeneration, zu den Computerkomponisten als Vertreter der modernsten Musik gehört in Finnland Magnus Lindberg.

Finnland als Musikland bietet neben guten Komponisten und Musiklehrern, neben Festspielen und interessierten Zuhörern auch Musikinterpreten mit internationalem Ruhm. Aus der großen Zahl seien hier stellvertretend nur einige Namen genannt, wie die Bässe Martti Talvela und Matti Salminen, der Bariton Jorma Hynninen, und von den Sopranistinnen Anita Välkki und Karita Mattila, die Dirigenten Leif Segerstan und Okko Kamu und der Pianist, der auch dirigiert,

Ralf Gothoni. Wie sagt doch Yehudi Menuhin: *„Musik ist wie Luft und Wasser, sie gehört allen."*

Architektur

Die finnische Architektur gehört ebenfalls allen, hat sie doch viele Namen, die aus der Geschichte der Baukunst nicht wegzudenken sind. Werke von Eliel und Eero Saarinen und dem großen Meister Alvar Aalto oder anderer berühmter finnischer Architekten sind ständige Studienobjekte von Architekturstudenten aus allen Erdteilen.

Zunächst aber zu den „Ursprüngen". Die junge Architektur Finnlands reicht mit wenigen Ausnahmen kaum über zwei, drei Jahrhunderte zurück. Über die steinernen Zeugen der mittelalterlichen Architektur und über die alte noch erhaltene Holzarchitektur ist bereits reichlich gesprochen worden in „Auf den Spuren der alten Finnen". Darin ist auch Carl Ludwig Engel, ein gebürtiger Berliner und Schinkel-Zeitgenosse genannt. Die Planung und Ausführung des harmonischen Senatsplatzes in Helsinki im klassizistischen Stil gehört zu den großen Leistungen C. L. Engels.

Um die Jahrhundertwende, in der Zeit der Nationalromantik vermischten sich in der finnischen Architektur karelische Holzbauweise, mittelalterliche Feldsteinarchitektur und der Jugendstil aus Mitteleuropa und inspirierten zu manchen originären Bauwerken. Der eigenständige finnische Jugendstil kann mit vielen namhaften Vertretern aufwarten, wie z. B. Eliel Saarinen, Hermann Gesellius und Armas Lindgren. Das Atelier-Wohnhaus Hvitträsk und der Hauptbahnhof in Helsinki sind Zeugen dieser romantisch-ornamentalen Bauweise.

Die 20er Jahre brachten eine Umkehr: strenge und rationale Formen wie im Parlamentsgebäude in Helsinki, entworfen von Johan Siegfried Sirén, setzten sich durch. Doch bereits Ende der 20er Jahre beginnt die Zeit des Funktionalismus und seines berühmtesten Vertreters Alvar Aalto. Auf seine Schöpfungen ist ebenfalls in dem genannten Abschnitt bereits hingewiesen worden, sowohl auf seine Architektur wie auch auf die Raum- und Regionalplanung, seine Innenarchitektur und sein Design. Den Ausklang des finnischen Funktionalismus in der Architektur bilden Arbeiten von Heikki Sirén und Aulis Blomstedt. Auch die 'weiße Periode' von Aalto zählt hierzu.

Konstruktivismus, das sog. konstruktive Denken als gesellschaftlicher Auftrag, prägte die Bauweise der 70er Jahre. Aus dieser Zeit sind nur wenige gelungene Beispiele zu nennen, wie z. B. die Entwürfe von Simo Järvinen und Eero Valjakko für das Olari-Viertel in Espoo. Die 70er Jahre bilden einen bedauerlichen Tiefpunkt in der finnischen Architektur, denn der große Bauboom, bedingt durch die 'Landflucht', brachte statt Baukunst durch Serienfertigung „Baukranmontage" zutage. Und diese Bausünden lassen in manchen Gegenden fast vergessen, was Architektur und Baukunst sein sollten.

Nach diesem Tiefpunkt kann ja nur ein Aufstieg erfolgen. Die Natur bekam ihre Bedeutung zurück. Die Architekten bemühten sich, humanes und ökologisches Denken zu verbinden und die Bauten in die natürliche Umgebung zu integrieren. Die „Gartenstadt Tapiola" entstand. Das „Katajanokka-Projekt" (Jugendstil-Bürgerhaus-Stadtteil) in Helsinki ist ein gelungenes Beispiel dafür, wie Älteres nicht mehr abgerissen werden muß, sondern erhalten, restauriert und integriert werden kann. Integration in anderer Form zeigt das von Pekka Salonen entworfene Stadttheater in Lahti, die Beton mit „humanen" Materialien kombiniert. Zu den bekanntesten finnischen Architekten von heute gehören Reima und Raili Pietilä. Architektur ist für Finnland sogar zum Exportartikel geworden, nämlich in Form von Architektur-Planung und Bauausführung als Großprojekt.

Bildende Kunst

Ein Großprojekt anderer Art, das 24 Tonnen schwere Sibelius-Denkmal in Helsinki von der Bildhauerin Eila Hiltunen gehört zu den bekanntesten Werken der modernen finnischen Kunst, bekannt weit über die Landesgrenzen hinaus. Der kulturelle Austausch verlief über Jahrhunderte fast ausnahmslos als eine Einbahnstraße von Westen oder Osten in Richtung Finnland. Es blieb vielerorts im Westen verborgen, daß Finnland eine unverwechselbare, selbständige und eigenwillige „Gesamtkultur" entwickelt hat, und zwar auf sämtlichen Gebieten des mit dem Begriff Kultur umschriebenen breiten Spektrums von Lebensäußerungen.

Die finnische Bildhauerei als „Lebensäußerung" ist jung wie das Land selbst. Ältere Werke sind kaum bekannt, stammen doch die wertvollen Skulpturen in den mittelalterlichen Kirchen meist aus Deutschland oder Schweden. Erst das 19. Jahrhundert präsentiert Namen wie Erik Cainberg, Carl Eneas Sjöstrand und den „Klassizisten" Walter Runeberg. Zu den wichtigsten Werken von W. Runeberg sind die Statue des Dichters J. L. Runeberg auf der Esplanade in Helsinki und das Alexander-Denkmal auf dem Senatsplatz zu zählen. Die „Schiffbrüchigen" auf der Sternwartenhöhe in Helsinki von Robert Stigell und ganz besonders der heißgeliebte Havis-Amanda-Brunnen von Ville Vallgren am Markt von Helsinki geben dem Besucher einen Einblick in die finnische Bildhauerkunst der Jahrhundertwende.

Wäinö Aaltonen (1894-1966) ist die zentrale Gestalt in der neueren finnischen Bildhauerei. Als Material für seine stark monumentalen Werke hat er Bronze, Keramik, Marmor und vor allem Granit, als erster nach den alten Ägyptern, gewählt. Das Standbild von Aleksis Kivi, des großen Dichters vor dem Nationaltheater in Helsinki und die Statue von Paavo Nurmi, des legendären Läufers auf der Häme-Brücke in Tampere sollen als Beispiele für Aaltonen genannt sein. Ein weiteres Werk finnischer Bildhauerei kann der Besucher in der Nähe des Parlaments in Augenschein nehmen: das Reiterstandbild von Marschall Mannerheim, das Hauptwerk von Aimo Tukialnen.

In der heutigen Bildhauerkunst sind Frauen sehr stark vertreten. Eila Hiltunen und das Sibelius-Denkmal im Hesperia-Park von Helsinki sind bereits erwähnt. Sie präsentiert die „finnische Eigenwilligkeit", verbunden mit mutiger Phantasie und größtem technischen Können. Geschweißte Skulpturen sind ihr Markenzeichen. Zu internationaler Anerkennung gelangte Laila Pullinen mit ihren in Sprengtechnik geschaffenen Bronze- und Kupferarbeiten. Holz als Material verwendet Kai Tapper, der expressionistisch abstrakte Bildhauer in Finnland. Auch Eeva Ryynänen gestaltet aus Holz ihre großformatigen Menschen- und Tierfiguren.

Ein neuer Aspekt zeigt sich in der heutigen finnischen Bildhauerei: Gesellschaftskritik. Kimmo Pyykkö und Rauni Liukku seien als Beispiele genannt. Rauni Liukku, bekannt auch durch ihr großes Engagement gegen eine gewalttätige und einengende Gesellschaft, bringt ihr Anliegen in ihrer Bildhauerkunst zum Ausdruck: Frauengestalten und Kinder, die von der Gesellschaft verformt wurden.

Als „Ausdruck der Gesellschaft", der arktischen Jagdkultur, könnten die ältesten in Finnland gefundenen Felsmalereien gesehen werden. Viele sind erst in den letzten Jahrzehnten entdeckt worden. Die mittelalterlichen Wandmalereien in den Feldsteinkirchen wie in Hattula, Lohja und auf den Ålandinseln und die etwas jüngeren Wandmalereien in einigen Holzkirchen Österbottens sind weitere Zeugen der frühen Malerei in Finnland.

Erst im 19. Jahrhundert, durch die Gründung der Finnischen Kunstvereinigung, kam die Wende in der finnischen Kunst, so auch in der Malerei. Nationale Motive tauchten auf, wie Themen aus dem KalevalaEpos. Auch die finnische Landschaft findet Einzug in die Malerei. Doch erst gegen Ende des 19. Jahrhunderts beginnt die „große Zeit" der finnischen Malerei. Als ältester Vertreter des goldenen Zeitalters der Nationalromantik gilt Albert Edelfelt, der wichtigste aber ist Akseli Gallen-Kallela.

Sein Schaffen umfaßt alle künstlerischen Bereiche, mit bahnbrechenden Leistungen auf dem Gebiet der Grafik und des Kunsthandwerkes. Seine bekanntesten Gemälde verleihen ihm den Titel „Maler des *Kalevala*", aber auch das Leben in der Wildmark und ihre Menschen sind bei Gallen-Kallela vertreten. Neben ihm müssen der hervorragende Porträtmaler Eero Järnefelt und Pekka Halonen mit seinen monumentalen Personengruppen, aber auch feinsinnigen Landschaften genannt werden, ebenso Juho Rissanen mit spürbar urfinnischer Kraft und mit Humor in seinen Werken.

Der Symbolismus hat zwei erstklassige Vertreter in der finnischen Malerei: Magnus Enckel und Hugo Simberg, dessen Fresken im Jugendstil-Dom von Tampere bereits erwähnt wurden. Dem Expressionismus zugerechnet sind die Werke von Tyko Sallinen, die Menschen aus dem Volk mit fast brutaler, explosiver Kraft zeigen. Den absoluten Gegensatz zu Sallinen bilden die verfeinerten und verinnerlichten Gemälde von Helene Schjerfbeck, die ebenso den Expressionismus in Finnland repräsentiert. Obwohl auch die Malerei in Finnland in den letzten Jahrzehnten den internationalen Strömungen folgte, hat sie ihre nationale Besonderheit nie verloren.

Der zum Konkretismus zählende Künstler Sam Vanni gründete 1950 die Künstlergruppe Prisma, und um weiter in der Reihe der 'Ismen' zu bleiben: der lappländische Maler Reider Särestöniemi zeigt surrealistische Einflüsse neben den bedeutendsten Vertretern dieser Richtung Alpo Jaakola und Juhani Linnovaara. Trotz Anlehnung an die internationalen Stilrichtungen und Stilentwicklungen können die Werke finnischer Künstler ihren Ursprung nicht leugnen. Sie bleiben auch in ihrer Kunst Finnen. Dies wird deutlich bei Tyko Sallinen in seinem von ursprünglich-naiven Elementen durchsetzten Expressionismus. Ein anderes gutes Beispiel ist Helene Schjerfbeck mit ihren besonderen Farbnuancen und ihrer „lyrischen Sprache". Man identifiziert ihre Arbeiten als ganz speziell „nordisch".

In der Kunst der 50er Jahre tritt das Nationale zurück, die Grundprobleme der Kunst sind international geworden, unabhängig von der einzelnen Nationalität. Vorausgesetzt natürlich, daß der Künstler das will, ob er in erster Linie als Künstler oder unbedingt als *finnischer* Künstler gesehen werden will.

Seit den 50er Jahren boomt Grafik als künstlerisches Ausdrucksmittel in Finnland. Eine völlig neue Generation hat die grafischen Stil- und Ausdrucksmöglichkeiten für sich entdeckt, wie Pentti Lumikangas und aus der jüngeren Generation die Grafikerinnen Outi Heiskanen und Ulla Rantanen. Zu den anerkannten Malern von heute zählen Lauri Laine, Marika Mäkelä, Riitta Åkerstedt und Silja Rantanen. Silja Rantanen z.B. holt ihre Motive nie aus der Natur, sie stammen immer aus der Kultur, aus der Architektur. Ihre Werke können auch „architektonische Darstellungen in der Malerei" betitelt werden. Das Ergebnis der Überfremdung sind „abstrakte Ansichten ursprünglich gegenständlicher Forme'", die Suche nach einem idealen Raum, wie Rantanen es ausdrückt. Raum ist auch der Ausgangspunkt in den Gemälden und Fotografien des bekannten Künstlers Jussi Niva, der neben der Documenta in Kassel auch auf der Biennale von Venedig Finnland vertreten hat.

Design

Der unübersehbare Aufschwung in der finnischen Grafik folgte in den 50er Jahren im Zuge der großen internationalen Erfolge finnischer Designer. In diesem Jahrzehnt wurde finnisches Design weltweit zu einem festen Begriff.

Finnisches Design wird in vieler Hinsicht mit der finnischen Landschaft in Verbindung gebracht. Natürliche Materialien aus dem eigenen Kulturraum bieten sich von selbst an zur künstlerischen Gestaltung. Die Kunst der Designer liegt in der Intention, Material, Formen, Farben und Motive in funktionaler Weise zu nutzen, zusammenzubringen. Alvar Aalto ist hier als ein universeller Vertreter des finnischen Funktionalismus zu nennen. Sein Stil blieb konsequent, unterlag nie Modeschwankungen. Aalto war nicht nur ein Architekt, er stattete seine Bauten bis ins letzte Detail „mit architektonischen Requisiten", wie er selber sagte, aus: mit Möbeln, Textilien, Lampen, Glas usw. Die legendäre Aalto-Vase aus Glas, in den 30er Jahren entstanden, ist ein wunderbares Beispiel für finnisches Industriedesign. Die schwungvolle Form der Vase soll ein Abbild der buchtenreichen finnischen Seeufer sein. An schwerfließende Stromschnellen erinnern die wunderschönen eisartigen Gläser und Vasen von Tapio Wirkkala. Die Glasverarbeitung ist ein wichtiger Teil des finnischen Kunsthandwerkes. Die bedeutendsten Glashütten in Finnland sind Iittala, Riihimäki und Nuutajärvi. Die Aalto-Vase ist mit Iittala verbunden und die Haupttätigkeit von Wirkkala galt ebenso dieser Glashütte. Wirkkala war aber auf Glas nicht fixiert. Er arbeitete ebenso mit Holz, Metall und Porzellan. Er war und ist ein ganz Großer des finnischen Designs. Nuutajärvi verwirklicht Björn Weckströms Ideen, fantastische Figuren. Weckström war ursprünglich als Schmuckdesigner für Lapponia tätig, wandte sich aber später der Bildhauerei zu. Er fühlte sich durch die industriellen Produktionstechniken zu sehr eingeschränkt.

Als Formgeber für Arabia-Gebrauchswaren stand für Kaj Franck stets die absolute Funktion im Vordergrund. Er schuf Porzellan- und Keramikgarnituren. Die meist unterschiedlich gefärbte Einzelstücke lassen viele Kombinationsmöglichkeiten zu, sozusagen eine Alternative zu teuren kompletten Servicen. Diesem Prinzip blieb er auch bei seinen Glasarbeiten treu. Später verwandte er überraschenderweise Kunststoff als Material für seine Ausdrucksform.

Zu den bekannten Glaskünstlern zählen natürlich auch z. B. Oiva Toikka mit Gebrauchsglas, aber besonders mit Glasplastiken in seinem unverwechselbaren Stil. Und Timo Sarpaneva, dessen Arbeiten internationales Format haben, sowohl in Glas als auch in Porzellan, in Gußeisen und Stahl (als Geschirr) und Textilien und Kleidung. Das deutsche Rosenthal-Studio hat Sarpanevas Entwürfe in ihr Programm genommen

Der finnische Keramikkünstler ist nicht nur Designer, er beteiligt sich an jeder Entwicklungsphase seines Werkes in der keramischen Produktion. Das finnische Naturgefühl ist an den Oberflächen förmlich spürbar: Sie erinnern „an Birkenrinde und Rentierflechten, an graue Regenwolken und Herbstlaub und an die durchsichtige Helle des Spätsommers". Anu Pentik verleiht der Keramik einen sandigen, fast natursteinernen Ausdruck, die Motive sind lappländisch rustikal. Anregungen aus anderen Kulturen finden sich dagegen in den Keramiken von Birgit Kaipiamen und der frühen Rut Bryk.

Wirklich gutes Industriedesign kann auch zum Klassiker werden. Aalto ist auch hier wieder ein gutes Beispiel. Nicht nur seine Glas- und Keramikgegenstände sind seit den 50er Jahren in den Verkaufskatalogen, sondern auch seine Möbel. Das Unternehmen Artek stellt seit den 30er Jahren Aalto-Möbel her. Noch nicht als „Klassiker" anerkannt sind die heute führenden Möbeldesigner Antti Nurmesmies, Yrjö Kukkapuro und Simo Heikkilä.

Im Umgang mit Textilien haben die Finnen eine lange Tradition. Die Rya-Wandteppiche spiegeln finnische unvergängliche Einrichtungsart wider. Früher wurden traditionelle Motive, etwa aus dem *Kalevala*, in Garn umgesetzt. Heute werden Entwürfe der Textildesignerinnen wie Eva Brummer, Irma Kukkasjärvi und Elsa Montell-Saanio zu Wandteppichen, Rya (Ryijy) gewebt. Textilkunst zum täglichen Gebrauch ist in dem Namen Marimekko weltweit zu einem festen Begriff geworden. Die praktischen, eigenwilligen Marimekko-Textilien in Kleidung, Bettwäsche, Tapeten usw. in ihren unverwechselbaren Farben und Farbzusammenstellungen verdienen die Bezeichnung „typisch finnisch".

Finnisches Design kann ein Finnland-Besucher nicht übersehen. Ob man will oder nicht, man wird unweigerlich und immer wieder auf Artikel finnischer Formgebung treffen: In Wohnungen und Geschäftsräumen, in unzähligen Galerien, in Geschäften wie Stockmann (Synonym für Qualitäts-Warenhäuser), Lapponis Jewellery, Kalevala Koru, Artek, Pentik, Marimekko, usw. usw. Finnische Lakritze, ein Kalevala-Schmuck, ein Glas von Wirkkala und Servietten von Marimekko sind unabdingbare Mitbringsel von dem, der zu Gast in Finnland war.

Zu Gast in Finnland

Das wichtigste bei der Verständigung ist die Sprache. Auch der Gast in Finnland möchte sich verständlich machen. Ein wenig zumindest. Da Finnisch bekanntermaßen schwierig sein soll, zählt jedes Wort tausendfach, verglichen mit Englisch oder Deutsch. Ein spanisches Sprichwort behauptet, man wäre soviel mal Mensch, wieviele Sprachen man spricht. Ob jedoch Sprachkenntnisse einen schweigsamen Finnen zum Sprechen bringen, ist nicht immer gesagt. Die finnischen Frauen seien gesprächiger, sagt man, und aktiver als die finnischen Männer. Ob sie demnach auch mutiger sind? Es wird den Finnen nämlich unterstellt, sie schwiegen aus Angst, sie könnten sich blamieren, wenn sie sich in fremden Sprachen ausdrücken sollen. Freundlichere Beobachter behaupten, der Finne schweige aus Sturheit.

Sprechen und Schweigen sind Fragen der Mentalität. So ist es in Deutschland völlig ausgeschlossen, daß in einer freundschaftlich zusammensitzenden Gruppe kürzer oder länger gemeinsam geschwiegen wird. Der Deutsche dreht nervlich völlig durch und versucht, die stillen Zwischenräume mit einfach 'Irgendwas' zu füllen. Eine deutsche Redensart besagt zwar, ein Engel fliege durch den Saal, wenn eine Gesprächspause entstanden ist. Aber dieses himmlische Wesen scheint der Deutsche förmlich zu hassen. In Finnland ist dies anders, und der Gast aus Deutschland muß sich in Finnland energisch gegen diese deutsche Gesprächsgepflogenheit wehren. Er wird bald merken, wie wohltuend Schweigen sein kann.

Die Unterschiede in Mentalität, Temperament und das Verhältnis zum Leben haben gewiß ihre Ursachen in der Erziehung. In Deutschland bestimmt eine stramme Hierarchie den Alltag. So erscheint dem Deutschen eine finnische Familie als eine „unorganisierte Ansammlung von Personen unterschiedlichen

Alters". Der unbestrittene Familienvater, der allein das Sagen hat, so etwas ist in einer finnischen „Normal-familie" nicht anzutreffen. Liberalismus kennzeichnet die Familie, die finnische Familie sagt „Teamwork" dazu.

Diese Haltung reflektiert auch auf das Geschäfts-leben, auf die Organisationsformen in Finnland. In einem Vortrag vor der Finnischen Handelsgilde in Frankfurt/Main äußerte sich Nokia-Direktor Raimo Hipeli über Deutsche und Finnen als Geschäftspartner in anschaulichen Beispielen und Vergleichen. Hier einige seiner Beobachtungen und Gedanken.

In Deutschland wird zur Zeit noch pyramidenartig hierarchisch gearbeitet und gedacht. Im Vergleich hierzu fehlen in Finnland in dieser Konstruktion mehrere hierarchische Zwischenböden. Die direkte Linie Mitarbeiter – Chef ermögliche eine wendige, dynamische Arbeitsweise.

Der Gast und Geschäftsreisende aus Mitteleuropa möge sich nicht verwundern, wenn Finnen Geschäfte mit ihm per Handschlag abschließen. Der finnische Geschäftspartner benötigt für einen Geschäftsabschluß nicht die gesamte Korrespondenz als Beleg für die 'Organisation'.

Der Finne ist an eine unkomplizierte Kommunika-tionsart gewohnt. Wenn man was hat, dann bietet man es an, wenn man etwas braucht, fragt man. Persönlich oder am Telefon. Und wenn man nichts braucht, dann sagt man einfach ei *kiitos*, nein danke. So bleibt so mancher Geschäftsbrief auch aus Deutschland unbe-antwortet. Dieses „Schweigen" hieße ja schon „nein danke". Geschäftlich nach Deutschland telefonieren? Unmöglich, auch wenn man die notwendigen Sprach-kenntnisse besitzt. Der Finne hört nur ununterbrochen und von verschiedenen Personen *„Worum geht es bitte?"* und *„Ich verbinde"*. Man darf ja in Deutschland hier-archische Ebenen, „Organisationsstufen" nicht über-springen. Also läßt der Finne auch das Telefonieren. Trotz Mobiltelefon. Privat und geschäftlich, der Mittel-europäer muß umdenken. Hat das Umdenken statt-gefunden, wird jedermann feststellen, daß Finnen im

Grunde genommen doch sehr angenehme Partner und Geschäftsfreunde sind. Kommt es zu Geschäftsabschlüssen, so zahlt sich die bereits im Brockhaus des Jahres 1898 gelobte finnische Bescheidenheit und Ehrlichkeit aus. Haben sich die Geschäftspartner schließlich auch persönlich kennengelernt, dann braucht man auch den Handschlag nicht mehr. „Handgeben", das ist für den Finnen bereits zu intim, auch wenn sie anschließend gemeinsam in der Sauna sitzen.

Eine Einladung in die Sauna, ob geschäftlich oder privat, ist in Finnland eine hohe Ehre und es wäre eigentlich unhöflich, eine derartige Einladung auszuschlagen. Da rührt man an finnischen Wurzeln. Sauna ist ein Teil alten finnischen Brauchtums. Die Zeiten haben sich zwar geändert, die alte Rauchsauna gibt es kaum noch, aber daß Sauna für die Finnen „Sauna-Baden" – im Schweiße des Angesichts – bedeutet und mit gewissen sexuellen Freizügigkeiten nichts gemein hat, das ist so geblieben. In diesem Sinne könnte der Spruch aus dem Volksmund gedeutet werden: „*Saunassa täytyy olla kuin kirkossa*" – „In der Sauna muß man sich wie in der Kirche benehmen." Choräle müssen aber nicht in der Sauna gemeinsam gesungen werden. Schweigen allerdings auch nicht. Der alte wuchtige, aus Feldsteinen gemauerte Ofen, *saunakiuas,* hat zwar vielerorts dem elektrischen Ofen Platz machen müssen, aber im Sommerhaus zumindest ist der herrliche Harzduft beim Einheizen noch vorhanden. Bei +110 Grad in der Sauna sitzen und fröhlich Schwatzen. Eine Schöpfkelle Wasser mit kräftigem Schwung auf die heißen Steine und der heiße wundersame Wasserdampf, *löyly,* öffnet die Poren der Haut. Den Rest besorgt der Birkenquast, mit dem der Gastgeber den krebsroten Rücken des Gastes bearbeitet. Ein Sprung in den See oder unter die kalte Dusche und die Prozedur beginnt aufs Neue. Eine kleine Ruhepause. Danach werden kalte Getränke und die berühmte gegrillte Saunawurst gereicht. Oder Sauna-Kaffee, wie könnte es anders sein.

Sauna gibt es in Finnland überall, auf dem Land selbstverständlich, aber auch in der Stadt. Neuerdings sogar in Etagenwohnungen und Hotelzimmern, auf Campingplätzen und Badestränden. Und natürlich beim *Mökki*, dem Sommerhaus am See.

Ein unverzeihlicher Stilbruch wäre, in der Sauna zu rauchen. Apropos Rauchen: Finnland geht neuerdings gesetzlich gegen das Rauchen vor. Seit 1995 ist das Rauchen am Arbeitsplatz und in anderen öffentlichen Räumen verboten. Ausnahmen bilden Hotels und Restaurants. Das Mindestalter für den Kauf von Tabakwaren wurde von 16 auf 18 erhöht und der Verkauf von Schnupf- und Kautabak ist in Finnland nicht erlaubt.

Der Finne scheint offenbar ein gestörtes Verhältnis zu Genußmitteln zu haben, denn auch der Verkauf von alkoholischen Getränken mit einem Alkoholgehalt von über 13 % ist nur in den staatlichen *ALKO*-Läden möglich. Aber, und das ist für Finnland neu und fast eine Sensation: In den Speisewagen auf gewissen Zugstrecken ist der Ausschank von alkoholischen Getränken ohne „Speisezwang" gestattet. Nur ihren Kaffee dürfen die Finnen zu jeder Tages- und Nachtzeit trinken – und kaufen.

Das Einkaufen ist durch den finnischen Ladenschluß leicht gemacht. Ein Überraschungsgast zum Essen bringt die Küche nicht in Panik; die Geschäfte sind bis 20 Uhr geöffnet, am Samstag bis 16 Uhr. Zur Zeit wird auch über Öffnungszeiten am Sonntag diskutiert. Teilweise ist dies bereits geregelt: Wenn nämlich mehrere gesetzliche Feiertage hintereinander fallen, dann sind am zweiten Feiertag die Lebensmittelgeschäfte bis zu vier Stunden geöffnet. Auf dem Lande gibt es nach wie vor eine 'individuelle' Lösung. Einkaufen am Sonntag ist gang und gäbe. Ein Einkaufsparadies für den Konsumenten. Aus der Sicht der Verkäufer sieht die Sache allerdings ganz anders aus. Das Verkaufspersonal bleibt aber bis zur Abendstunde im allgemeinen sehr hilfsbereit und freundlich.

Wenn man beim Einkaufen im Supermarkt oder auch bei der Post (Achtung: Samstag hat die Post geschlossen!) eine wechselnde Zahl aufleuchten sieht und ein Kunde nach dem anderen *Täällä* ruft, handelt es sich hier nicht um die persönliche Kennzahl *henkilö-*

tunnus, die jeden Finnen begleitet, sondern um die Nummernreihenfolge für „Wer ist dran?" Am besten also zieht man sofort beim Betreten des Hauses eine Nummer und ruft beim Leuchten „seiner" Nummer lauthals *Täällä* (Hier) und winkt mit dem Nummernbon. Mehr ist beim Einkaufen, bei Behörden, der Post usw. nicht zu beachten und die Fremdsprachenvorbereitung hält sich so in Grenzen. Nun geht es zum Schalter oder zur Kasse. Bei der Frage *Käteisellä vai kortilla?* (Bar oder mit Bankkarte?) ganz einfach das Bargeld hinblättern. Und der Besucher fühlt sich wie ein alter – finnischer – Hase.

In Finnland sagt man, im *Mökki,* im Sommerhaus liefe auch „die Seele barfuß". Ganz so schlimm ist es nicht für den Gast, wenn er das Glück hat, einer Familie einen Besuch abstatten zu dürfen. Barfuß ist nicht notwendig, aber bei einer typisch finnischen Familie ist es angeraten, sofort nach Betreten der Gastwohnung die Schuhe abzustreifen. Ein kleines „Unterwerfungsritual", das an Japan erinnert; schließlich wird, wirtschaftlich gesehen zwar, Finnland auch als das „Japan des Nordens" bezeichnet. Pluspunkte bei den Gastgebern sind garantiert. „Man weiß ja, was sich in Suomi gehört." Nicht zu vergessen sei aber vor Antritt der Visite: Strumpf- und Sockenkontrolle! Ein kleines Geschenk ist willkommen, jedoch kein Zwang. Einen Blumenstrauß allerdings zu kaufen, ist für den Gast schon ein großes Vergnügen. Blumen werden überall kunstvoll „à la Christo" verpackt. Mit viel Zeitungspapier, der Kälte wegen und dann oben und unten mit kunstvoll verknoteten Schnüren. Einen solchen Strauß bringt der Geber auch bei sibirischen Temperaturen unbeschadet ans Ziel.

Stadtwohnung und auch das Sommerhaus sind für Finnen Statussymbole. Besichtigung und Antworten auf Fragen gehören zum Ritual. Fragen nach Fotografien, nach Bildern und Dekorativem sind keine Indiskretion. Wenn der Finne einen Gast einlädt, dann gern zu sich nach Hause. Einladungen in ein Restaurant erfolgen äußerst selten. Der Besuch von Restaurants ist für den Gast unproblematisch. Niemand sollte sich jedoch über „strenge Portiers" wundern. Sie sind „Promille-Scheuchen". Die Preise entsprechen in etwa denen in Mitteleuropa. Alkoholische Getränke aber können bereits das gesamte Budget für den Abend verschlingen. Dafür muß man eben Verständnis haben, denn der Staat lebt schließlich zu einem dringend notwendigen Teil von der Alkoholsteuer. Und immer noch herrscht in vielen Lokalen „Speisezwang", das heißt: Kein Alkohol ohne Essen.

Das Leben in den Städten, auch zu später Stunde, ist normalerweise sicher, obwohl auch in Finnland Gewalt und Gewaltbereitschaft zum Problem geworden sind. Ein negativer Rekord für Finnen: neben den Serben stehen die Finnen in vorderster Front bei Tötungsdelikten mit dem Dolch, in Finnland mit dem *puukko*, dem Finnendolch. Zu *Vappu* und *Juhannus*, Tagen, an denen viel Alkohol fließt, sollte man die Einsamkeit im *Mökki* suchen.

Ein *Mökki*, ein Sommerhaus liegt grundsätzlich am Wasser und der Nachbar, falls es überhaupt einen geben sollte, ist außer Sichtweite. Um Ruhe und Einsamkeit so richtig wahrzunehmen und genießen zu können, dazu wird der Stau auf den Straßen in Kauf genommen. Ab Freitag Mittag sollte man im Sommer die Ausfallstraßen meiden; sie gleichen dem Kamener Kreuz oder dem Irschenberg, dem Semmering oder der Gotthardstraße. Sucht man im Sommer Finnland und seine Bürger, dann muß man eben im *Mökki* nachschauen.

Autobahnen gibt es in Finnland wenige. Zur Zeit noch. Und „freie Fahrt für freie Bürger", in Finnland hält man nichts davon. Angesagt sind: 120 km/h auf Autobahnen, 100 km/h auf Überlandstraßen und 80 km/h auf Landstraßen. 80 km/h auf Landstraßen, das ist häufig nicht einmal möglich, außerdem nicht ratsam. Die wunderschönen welligen ungepflasterten Ölstraßen, weich und glatt wie Samt, diese Straßen sind Genußstraßen, auf denen nur ein „Barbar" entlangtobt.

In der Morgen- und Abenddämmerung ist es aus einem anderen Grund ratsam, nicht zu rasen, sondern auf der Hut zu sein. Eine unverhoffte unliebsame Bekanntschaft mit einem Elch könnte bevorstehen. Elche sind gewaltige Lebewesen und in Finnland keine Seltenheit. Ein Elchbulle erreicht eine Schulterhöhe von 2 m, eine Länge von 3 m und das Gewicht liegt bei rund 500 kg, dazu die mächtigen ausladenden Schaufeln. Bei einem abrupten Zusammentreffen bleibt garantiert das Fahrzeug auch auf der Strecke.

Apropos Strecke: Von den 120.000 Elchen Finnlands müssen alljährlich etwa 50.000 Tiere zum Abschuß freigegeben werden. Nicht nur weil Elche wundervoll schmecken, als Braten, Steak oder Schinken, mit Moosoder Preiselbeeren, sondern weil sie beträchtliche Flur- und Waldschäden anrichten. Außerdem wollen Jagdpächter und ihre Gäste ja auch „was zum Spielen haben". Etwa 1.500 bis 2.000 Verkehrsunfalle geschehen pro Jahr mit Elchen, 10-12 mit einem tödlichen Ausgang für den Menschen. Mit dem Auto in Lappland einen Bären „zu erlegen", die Chance ist mehr als gering, obwohl Finnland den höchsten Bestand an wildlebenden Bären der nordischen Staaten hat, außer Rußland. 800 sollen es sein. Eine Einladung zur Bärenjagd ist ebenfalls unwahrscheinlich. Die Abschußquote ist sehr gering, damit die Bestände nicht dezimiert werden.

Der Gast im sommerlichen Finnland braucht jedoch auf Begegnungen mit wildlebenden Tieren trotzdem nicht zu verzichten. Den freiwilligen Verzicht wird er jedoch schnell aussprechen, denn diese Tiergattung ist außerordentlich anhänglich. Die Rede ist von der Spezies Mücke. Sprays, Stics, Salben, Räucherkerzen und „Mückenabschrecksummapparate" nützen ohne Frage, leider aber meist nur den Herstellern. Der genervte Anwender fragt sich schnell, ob diese Mittel für oder gegen Mücken sind. In den doch sehr kurzen Mückenperioden helfen wirkungsvoll zwei Dinge: Moskitonetze oder abreisen. Abreisen wäre zu schade. Mit Whisky einreiben, sagen Kenner und Genießer, sei eine wundervolle und wirkungsvolle Methode. Wegen des hohen B-Vitamingehalts sollen Mücken Whisky nicht mögen. Es sind ja schließlich nur die weiblichen

Tiere, die als Blutsauger auftreten. Den Whisky selber trinken und sich bewegen, das wäre doch die Lösung. Bewegung erzeugt Wind, und Wind lieben Mücken auch nicht. Mit Totschlag ist diesen Tieren ebenfalls nicht beizukommen. Außerdem scheinen sie gezählt zu sein, wie folgendes aus dem Volksmund belegt:

„Yhtä puuttuu, sano piru, kun hyttysiä luki.
„Eine fehlt", sagte der Teufel, als er die Mücken zählte.

Quellen-Verzeichnis

Literatur

1. Boulton-Smith, John: Finnische Malerei.
   Frankfurt/M.- Berlin-Wien 1970.
2. Dey, Reinhold: Finnland. Richtig reisen. Köln 1986.
3. Finnische Lyrik aus hundert Jahren.
   Hrsg. v. Horst Bienek. 2. Aufl. Hamburg 1985.
4. Haar, Claus: Gebrauchsanweisung für Finnland.
   München-Zürich 1994.
5. Hellqvist, Hannelore/Helvi Wendeler: Finnisch
   kochen, braten und backen. Der finnische Alltag in
   der Küche. Bonn 1986.
6. Hellqvist, Hannelore/Helvi Wendeler: Finnische
   Küche für Fest- und Feiertage. Kochen und
   Brauchtum durch das Jahr. Bonn 1985.
7. Hier ist Finnland. Hrsg. v. Matti Eskola.
   Helsinki 1991.
8. Jacobson, Max: Diplomatie im finnischen
   Winterkrieg 1939-40. Düsseldorf-Wien 1970.
9. Jutikkala, Eino: Geschichte Finnlands.
   Stuttgart 1964.
10. Kalevala. Das finnische Epos.
    Übers. v. Lore u. Hans Fromm. München 1967.
11. Kanteletar. Alte Volkslieder und Balladen aus
    Finnland.
    Ausw., Übers. v. Erich Kunze. Helsinki 1976.
12. Kivi, Aleksis: Die sieben Brüder. Roman.
    Zürich 1950.
13. Klinge, Matti: Geschichte Finnlands im Überblick.
    Helsinki 1977.
14. Kupiaien, Unto: Suomen kirjallisuuden vaiheet.
    Helsinki 1961.
15. Moderne finnische Lyrik.
    Hrsg. v. Manfred Peter Hein. Göttingen 1962.
16. Puntila, L. A.: Politische Geschichte Finnlands
    1809-1917. Helsinki 1971.

17. Salokorpi, Asko: Arkkitehtuurinähtävyyksiä. Matkailijan Suomea. Helsinki 1979.
18. Schellbach-Kobra, Ingrid (Hrsg.): Finnisch-deutsches Sprichwörterbuch. Suomalais-saksalainen sananlaskukirja, Helsinki-Bonn 1980.
19. Schildt, Göran: Finnische Bildhauerei. Frankfurt/M.-Berlin-Wien 1970.
20. Sentzke, Geert: Die Kirche Finnlands. 3. Aufl. Helsinki 1968.
21. Sihvo, Pirkko: Tradition und Volkskunst in Finnland. Hrsg. v. Museovirasto. Helsinki 1978.
22. Södergran, Edith: Feindliche Sterne. Gesammelte Gedichte. Wiesbaden-München 1977.
23. Vilkuna, Kustaa: Vuotuinen ajantieto. 7. Aufl. Helsinki 1981.
24. Wendeler, Rolf/Helvi Wendeler: Alte Holzkirchen in Finnland. Vanhoja suomalaisia puukirkkoja. Bonn-München 1981.
25. Wendeler, Rolf/Helvi Wendeler: Gotik in Finnland. Mittelalterliche Steinkirchen in Tawatland. Hämeen keskiaikaisia kivikirkkoja. Bonn-München 1979.

Sonderpublikationen – Broschüren, Loseblattwerke, etc.

EVA: The Finns and Their Society. A. National Survey Opinions and Attitudes. Helsinki 1995.
EVA: Indicators of the Finnish Society 1995/96. Helsinki 1995.
FIMET: Finnische Maschinenbau und Metallindustrie. Helsinki 1995.
Finnfacts. Information über die finnische Wirtschaft und Industrie. Helsinki 1994 ff.
FinnFax. Hrsg. v. Finnfacts. Wirtschafts- und Industrienachrichten aus Finnland. Helsinki 1995.
Finnische Themen. Finfo. Hrsg. v. Ministerium für Auswärtige Angelegenheiten. Helsinki.
Finnland in Europa. Hrsg. vom Finnischen Außenministerium. Vantaa 1995.

FINNovations. Außenhandelspublikation.
Hrsg. vom Finnischen Außenhandelsverband.
Helsinki 1995.
KELA / Kansaneläkelaitos: Tunne perusturvasi-esitteet
1-8. Helsinki 1996.
Munzinger Archiv (Hrsg.): Internationales Handbuch
– Länder aktuell: Finnland. Ravensburg 1996.
Statistisches Bundesamt: Länderbericht Finnland.
Wiesbaden 1993.
Verband der finnischen Holzindustrie: Auf dem
richtigen Weg. Holzwirtschaft und Umwelt.
Helsinki 1995.

Reihe Reisebegleiter
In gleicher Ausstattung sind bisher erschienen:

Hans A. Land
Reisebegleiter USA
Was man über die USA und die Amerikaner wissen sollte
128 S., Leinen, ISBN 3-925068-70-8

Ulrike Thiede
Reisebegleiter Japan
Was man über Japan und die Japaner wissen sollte
128 S., Leinen, ISBN 3-925068-71-6

Mahrez Sassi
Reisebegleiter Tunesien
Was man über Tunesien und die Tunesier wissen sollte
112 S., Leinen ISBN 3-925068-72-4

Weitere lieferbare Titel der Autorin

Hannelore Hellquist / Helvi Wendeler
Finnische Küche für Fest- und Feiertage
Kochen und Brauchtum durch das Jahr
127 S., Pb., ISBN 3-925068-01-5

Hannelore Hellquist / Helvi Wendeler
Finnisch Kochen, Braten und Backen
Der finnische Alltag in der Küche
127 S., Pb., ISBN 3-925068-03-1

J. Latka Verlag Bonn